kursbuch.kunst

Erwin Niederer

kursbuch.kunst

Erwin Niederer

art

Kapieren**K**ritisieren**K**ommunizieren

FSC
www.fsc.org
MIX
Papier aus verantwortungsvollen Quellen
Paper from responsible sources
FSC® C105338

Impressum

Bibliografische Information der Deutschen Nationalbibliothek:
Die Deutsche Nationalbibliothek verzeichnet diese Publikation in der Deutschen Nationalbibliografie; detaillierte bibliografische Daten sind im Internet über http://dnb.dnb.de abrufbar.

Aktuell: 3. Auflage - Sept. 2022

kursbuch.kunst@gmail.com

Herstellung und Verlag: BoD – Books on Demand, Norderstedt
ISBN: 978-375-680-2210 Taschenbuch 10 €

Inhalt

Gender-Hinweis:

In dem vorliegenden Buch wird aus Gründen der leichteren Lesbarkeit die gewohnte männliche Sprachform bei Substantiven und Pronomen verwendet, die personenbezogen sind. Dies beinhaltet in keiner Weise eine Herabsetzung des weiblichen Geschlechtes.

Prolog

Tausende feiern auf den großen Kunst-Events weltweit. ART-Messen schießen wie Pilze aus dem Boden, Blockbusterausstellungen mit den Klassikern der Moderne sind Publikumsmagnete und Auktionshäuser setzen mit den Großmeistern der Szene Millionen um. Der Kunstmarkt boomt. Kunst ist weltweit zu einem großen Spektakel aufgelaufen, vielfach mehr Show statt Substanz, Kapital statt Ideal. Getragen von einflussreichen Insidern und gepuscht von einem hochspekulativen Markt, hat sich eine elitäre Szene entwickelt, wenig transparent für den Kunstliebhaber, den unvoreingenommenen Betrachter und den Künstler selbst, vielfach alleine gelassen in seinem Bedürfnis nach Verständnis und schlüssigen Erklärungen. Gleichzeitig wurde noch nie so viel Kunst gemacht auf den unterschiedlichsten Ebenen, wie derzeit. Vom erfolgreichen Profi Zeitgenössischer Kunst, vom hoffnungsvollen Kunststudenten, dem ambitionierten Amateurkünstler bis in die gute Stube des Hobbymalers, in unzähligen Ateliers wird gezeichnet, gemalt, gebildhauert, montiert und fotografiert, was das Zeug hält. Der Markt ist voll, Maßstäbe relativ, Strukturen wenig transparent.

Dieses Buch ist aber kein Rundumschlag gegen die Dominanz des aktuellen Kunstmarktes und seiner Vertreter, keine pauschale Kritik am aktuellen Kunstgeschehen im Rahmen der Bildenden Kunst. Der Weg führt nicht über Beschuldigungen und Anklagen. Der Krisenmodus trägt nicht zur Lösung bei. Ziel ist es, die erneuernde Kraft der Kunst selbst zu nutzen.

Das Buch ist eine erlebnisreiche Reise ins Zentrum der Modernen, Zeitgenössischen Kunst, ihren Idealen und Zielen, ihren Methoden und Konzepten. Erst wenn wir wissen, was wir verlieren, können wir es schützen. Um der Kunst ihre volle Handlungsfähigkeit wieder zurückzugeben, muss zuerst eine Hinwendung zu den Werten, Konzepten und Zielen erfolgen, aber auch eine schonungslose Benennung von Ungereimtheiten und Fehlentwicklungen. Die Kunst ist zu wertvoll für eine freie Gesellschaft und die Entwicklung des Einzelnen, als dass sie spekulativen Marktinteressen in den Händen einer reaktionären Elite ohne kritische Selbstreflexion überlassen werden kann. Holen wir die Kunstliebhaber und Kunstinteressenten zurück in eine unmittelbare Teilhabe an der Kunst, ohne komplizierte Verklausulierungen einer elitären Fachsprache, ohne einschüchternde Distanz zwischen Betrachter und Künstler,

Galerist und Museum, zwischen spekulativem Geldwert und emotionaler Intensität. Schaffen wir eine neue Nähe zu allen Erscheinungsformen Zeitgenössischer Kunst, besonders den Mut zu konstruktiver Kritik und die Möglichkeit, über alle Fragen vorbehaltlos diskutieren zu können.

Mit einbezogen werden muss auch die Kunst unterhalb der Profiliga, die *Amateurkunst*. In einigen zentralen Kapiteln setzt sich der Autor mit deren Stellung und Funktion im allgemeinen Kunstgeschehen auseinander.

1.1 Workbook

Die vorliegende Schrift will als praktikables Workbook verstanden werden, eine allgemeinverständliche Fokussierung auf die eigentlichen Werte und Prinzipien Moderner Kunst, aber auch Sensibilisierung für bestehende Problemfelder und Fehlentwicklungen. Das Buch ist so aufgebaut, dass es auch gezielt eingesetzt werden kann bei Seminaren, Vorträgen und Gesprächsrunden, Impulsgeber, Diskussionsgrundlage und Informationspool gleichermaßen.

Jegliche Veränderung kommt schließlich immer aus dem Verständnis für deren Notwendigkeit. Es geht dem Autor darum, das ganze Feld zu erfassen, Zusammenhänge, Einstellungen, Normen und Einflüsse transparent zu machen. Der Leser wird Schritt für Schritt zu einem grundlegenden Verständnis Moderner Kunst geführt, klinkt sich dort ein, wo er in seinem Wissen und seiner Einstellung Kunst gegenüber aktuell steht. Er bekommt zahlreiche Informationen an die Hand, um Kunst wirklich begreifen und sich qualifiziert kritisch mit ihr auseinandersetzen zu können und dies allgemeinverständlich, in nachvollziehbaren Zusammenhängen und ohne abgehobene Fachsprache. Denn nur aus einem Bemühen um Verständnis und Akzeptanz heraus kann man sich konstruktiv mit anstehender Kritik auseinandersetzen, Problemfelder erkennen und eine eventuelle Neuorientierung einleiten.

Als erfahrener Kunstpädagoge, Künstler und Kunstkritiker greift der Autor auf eigene, jahrzehntelange, praxisnahe Erfahrungen zurück in Kunstproduktion, Vermittlung, Präsentation und Vermarktung, ohne die Vorgabe kunsttheoretischer und kunstgeschichtlicher Systeme zu vernachlässigen.

Beim Leser sind im Grunde keine umfassenden Vorkenntnisse über Kunststile und Künstler erforderlich, wenn auch durchaus nützlich. Das Buch gibt die entscheidenden Werkzeuge zu einem substantiellen Verständnis Moderner Kunst an die Hand, ohne gravierende Fehlentwicklungen aus dem Auge zu verlieren. Systematisch und aufbauend wird der Leser durch die maßgeblichen Themenbereiche geführt, zielgenaue Informationen geben Orientierung und Halt. Anzustreben ist ein offener, vorbehaltloser Diskurs über Kunst, Konfliktbereitschaft statt Heroisierung, einschließlich einer Neubewertung einzelner Künstler, ohne Rücksicht auf Prominenz, wie im zweiten Teil des Buches am Beispiel von *Joseph Beuys* ausführlich erläutert.

1.2 Kunst-Geschichte

Das Verständnis von Moderner Kunst basiert prinzipiell auf Erkenntnissen aus der Beobachtung der Stilentwicklung mit Blick auf die einzelnen Künstlerpersönlichkeiten in der jeweiligen Zeit unter Einbeziehung des Marktgeschehens. Eine gewisse Objektivität wird dadurch erreicht, dass auf diese Weise kunsttheoretische Interpretationen, kunsthistorische Einordnungen und Bewertungen aber auch der Erfolg am Kunstmarkt zusammengeschaltet werden.

Letztlich basiert alles auf Erfahrungs- und Beobachtungswerten von Einzelpersonen oder Gruppierungen von einflussreichem Fachpersonal (Galeristen, Sammler, Kuratoren etc.) und dem Geschehen auf den bedeutenden Kunstevents, in Museen und auf den großen Auktionen. Dabei werden längst nicht alle Kunstwerke, Künstler und künstlerischen Konzepte berücksichtigt, lediglich die jeweils dominant auftretenden und vom Markt geschätzten. Zu all den bekannten Namen aus den unterschiedlichen Kunststilen existieren parallel immer eine ganze Reihe gleichwertiger Kunstkonzepte, die es nicht geschafft haben, in den Fokus des Marktgeschehens aufzurücken.

Dennoch wird die Matrix Kunstgeschichte grundsätzlich als objektiv und stimmig akzeptiert. Das mag auch recht zuverlässig funktioniert haben bis zum Ende des 19. Jahrhundert, bis zum Beginn der Moderne in der Kunst. Von diesem Zeitpunkt an prägen „Freigeister“, oft exzentrische Künstler, Außenseiter und Provokateure, das Bild der Szene. Alles läuft irgendwie aus dem Ruder einer gewohnt überschaubaren Entwicklung, eingebunden in die Traditionen der Vergangenheit. Dennoch ist es gelungen, in der Kunstgeschichte der Moderne eine logische Reihenfolge der unzähligen Stile und deren Entwicklung darzustellen. Ob dieses „Schubladendenken“ im Prinzip der Dynamik der Modernen Kunst gerecht wird, sollte zumindest einmal überdacht werden. Die extrem kurz getaktete Entwicklung der Kunststile im 20./21. Jahrhundert mit traditionellen, reaktionären Ordnungsmethoden zu erfassen, stellt eine Systematik her, die nicht dem Wesen Moderner Kunst entspricht. Dabei bleiben Kriterien erhalten, die in der Modernen Kunst eigentlich ausgedient haben, wie der unerschütterliche Wert des Unikats als handwerkliche und künstlerische Großleistung eines Meisters, basierend auf Tradition und Erfahrung, daraus resultierend die Pflicht zur Archivierung und Restaurierung. Moderne Kunst entsteht vielfach aus dynamischen Prozessen heraus, extrem individualisiert, oft auch bewusst gegen Traditionen, Normen und Moralvorstellungen gerichtet, handwerklich flüchtig, oft nur ein Konzept. Moderne Kunst ist einerseits eine Anti-Bewegung, andererseits aber auch eine bedingungslose Hingabe an das Individuum, Ausdruck seiner Freiheit und schöpferischen Potenz. Dies alles lässt sich nur bedingt in einem kunstgeschichtlichen Raster abbilden und führt unweigerlich zu inhaltlichen, strukturellen Verzerrungen. Letztlich bestimmen aber übergeordnete Marktstrukturen das Geschehen. So gewinnt ein entscheidendes Kriterium, der Handelswert, eine überproportionale Bedeutung. Kunst ist, was sich verkauft!

Ideale treten immer mehr in den Hintergrund. Der Künstler wird zum Zuträger von Schaustücken, welche die kunstgeschichtliche Ordnung stabilisieren. Glorifizierte Persönlichkeiten, „angebetete“ Künstlerfürsten dominieren die Szene. Gleichzeitig bildet sich eine gewaltige Schar an Epigonen, die kaum eine Chance haben, neben der Dominanz der gefeierten Stars der Szene bestehen zu können. Alleinstellungsmerkmal, Neuigkeitswert, Originalität und provokative Sonderstellung sind die Rezepte, sich in den vorderen Reihen einzugliedern. Vieles scheint sich zu wiederholen mit kleinen Abwandlungen. Die Originalität und Intensität neuer Strömungen flacht zunehmend ab. Reflektion und Anprangerung gesellschaftlicher Missstände erobern den ersten Platz auf der Suche der Künstler nach Inhalten, Themen und Sujets. Sex, die Bloßstellung von moralisch-ethischen Normen, Destruktion und exzessive Selbstdarstellung haben weitgehend ausgedient. Eine auf Toleranz gebürstete Gesellschaft lässt sich durch fast nichts mehr aus der Ruhe bringen.

Der Kunstinteressent betrachtet dieses Treiben mit einer gewissen Skepsis. Je mehr sich das Kunstgeschehen aufbläht zu einem spektakulären Zirkus der Sonderbarkeiten, desto schneller geht die Schere des Verständnisses zwischen Kunstbetrachter und dem Marktgeschehen auseinander.

Es entstehen Abhängigkeiten und Zwänge, denen sich auch die Kunstmacher auf der Produktionsebene nicht entziehen können. Arbeitsfelder, Stile und Themenbereiche werden quasi vorgegeben, von den Bedürfnissen des Marktes bestimmt. Dieser Prozess ist kontraproduktiv für eine freie und unabhängige Weiterentwicklung der Kunst, kommt einer Entmachtung des Künstlers gleich, wie es nicht schlimmer in Zeiten der Abhängigkeit von weltlicher und geistlicher Aristokratie und ideologischer Festlegungen hatte sein können.

Ein tieferes Bewusstsein für diese Zusammenhänge besteht in der Szene nicht. Jegliches Aufbäumen dagegen scheint kontraproduktiv. So sehr schon Duchamp [20] in den 1920er Jahren, und aktuell Banksy [19] versucht haben, Marktmechanismen zu unterlaufen und vorzuführen, unversehens verwandelt sich alles in Geld und Kapital, was da gemacht wird.

Dabei hat sich die Moderne Kunst zu Beginn des 20. Jahrhundert radikal befreit von Abhängigkeiten, von Unfreiheiten und Traditionen, hat alle dominanten Eliten abgeschüttelt um sich ganz und gar auf die kreative Potenz des Einzelnen zu berufen.

Man muss aber konstatieren, dass die künstlerische Freiheit immer auch ihre Grenzen hatte in kulturellen Strömungen und Normen, Markttendenzen und nicht zuletzt im Rahmen der Bewegungsfreiheit, die in der jeweiligen Gesellschaftsform Kunst eingeräumt wird.

Angesichts der aktuellen Kunstszene fragt man sich, ob nach nun 100 Jahren Befreiungskampf die Kunst wieder in die Knechtschaft geraten ist, abhängig lediglich von neuen Machthabern, von einer „**ART**istokratie“, die alles in Charts, Geld und Macht bemisst.

Liebt man die Kunst und weiß man um ihre Erneuerungskraft in menschlichen Bewusstseinsprozessen, muss man diesen Vorgängen einmal auf den Grund gehen, Transparenz schaffen und aufklären.

Der Weg dieses Buches geht aber nicht über Anklagen und Beschuldigungen, nicht über das Finden von theoretischen Lösungskonzepten und Auswegen, kein Jammern und Wehklagen. Der Krisenmodus ist nicht geeignet, um das Problem zu überwinden. Gefragt ist ein objektiver, analytischer Blick auf Fehlentwicklungen und Manipulationen. Dafür haben wir einen mächtigen Verbündeten. Hinter all den Machenschaften läuft ein sehr erfolgreiches Programm, nämlich die Fähigkeit des Menschen zu Erneuerung aus freier Kreativität heraus, die schöpferische Potenz der Kunst selbst, und die gilt es zu erkennen und zu stärken.

1.3 Der Kunstbegriff

Das Antasten von Traditionen hat naturgemäß immer Abwehrreaktionen zur Folge, verunsichert und destabilisiert, zumal das Neue, Revolutionäre nicht nur ungewohnt, sondern vom Establishment als Bedrohung erlebt wird. Moderne Kunst ist ein Konfliktfall, eine Provokation bis hinein in die Kunst unserer Tage. Und das ist gut so. Das ist das eigentliche Wesen der Modernen Kunst.

Kunst tritt in den unterschiedlichsten Erscheinungsformen auf. Zunehmend überschneiden sich Disziplinen wie Theater, Film, Video und digitale Techniken. Der Begriff der Skulptur wird elementar erweitert zu Objekt und Installation, das Konzept ist oft wichtiger als die Ausführung und für den Einsatz unterschiedlichster Materialien scheint es keine Grenzen zu geben.

Moderne Kunst ist vielfältig, auf den unterschiedlichsten Ebenen aktiv. Auch das klassische Tafelbild, oftmals schon tot gesagt, hat nach wie vor seine Berechtigung. Die einen erforschen unsere optische Wahrnehmung (OP-Art), andere spiegeln unsere Konsumwelt (Pop-art), machen unser Unterbewusstes sichtbar (Surrealismus), entlarven Gefühle und Betrachtungsweisen (Expression) oder zeichnen seismografisch unbewusste Energien und Impulse auf (Actionpainting, Informel usw.).

Das Ideal einer verbindlichen Ästhetik wurde aufgegeben. Schönheit im traditionellen Sinne spielt nicht mehr die zentrale Rolle, ist zum Randphänomen geworden. Auch eine solide Handwerklichkeit gehört nicht mehr unabdingbar zum Wertekatalog künstlerischer Arbeiten, ebenso der Abbildungscharakter. Das leisten technische, automatisierte Darstellungstechniken wesentlich besser.

Der Begriff des Kunstwerkes hat sich vielfach aufgelöst in einer Vielfalt an Realisierungsmöglichkeiten. Alles kann Kunst sein! Kunst hat sich von der Existenz eines Werkes zur Dominanz einer Idee, eines Konzeptes entwickelt. Und Kunst ist ein vom Künstler selbst bestimmtes, soziales und kulturelles Engagement. Kunst ist dabei, die Ateliers zu verlassen, überall stattzufinden, mit allem und jedem. Kunst ist Triebfeder der Befreiung des einzelnen, Lebensgestaltung und Übungsfeld zugleich.

Dieser fundamentale Erneuerungsprozess von Kunst ist Folge veränderter gesellschaftlicher Bedingungen, eines grundlegenden Bewusstseinswandels, was die Bedeutung und den Wert des Individuums anbetrifft, ein Strukturwandel der menschlichen Gesellschaft auf praktisch allen Ebenen, von Philosophen wie Hegel, Kant und Adorno (siehe Literaturliste) gründlich aufgearbeitet.

Das Grundbedürfnis des Menschen nach einer gefälligen, harmonischen Ästhetik, nach Schönheit und Komposition ist dadurch aber nicht verloren gegangen. Der Schönheitsbegriff hat sich nur erweitert, hinein in Abstraktion und Reduktion, Expression, Aktion und Gestik. Die Kompositionsregeln des Goldenen Schnittes haben sich ebenso bewahrt, wie Grundlagen der Farben- und Kontrastlehre. Veränderte, bildnerische Mittel und Inhalte kommen zum Ausdruck, wodurch sich Sehgewohnheiten verändern. So hat die auf weitgehende Funktion und Klarheit ausgerichtete Bauhaus-Architektur einen neuen Schönheitsbegriff kreiert, bestimmt durch Konzentration auf das Schlichte, Wesentliche und Funktionale, Reaktion und Spiegel einer sich verändernden Welt. Die Grenze zur angewandten Kunst, zum Design, ist durchlässig geworden.

Von dem romantisierenden Schönheits- und Harmoniebegriff früherer Zeiten ist aber nicht mehr viel übrig geblieben. Die Moderne besticht mit Klarheit und

Transparenz in Form und Inhalt. Reduktion ist angesagt. Das gedankliche, intellektuelle Prinzip hat sich weitgehend gegenüber dem rein emotionalen durchgesetzt. In der Modernen Kunst hat sich Reflexion und Analyse in wesentlich direkterer Form manifestiert, ohne Verkleidung durch reaktionäre Ästhetik oder Harmonie, Stimmigkeit und Ausgleich. Nichts soll ablenken vom Inhalt, von der Botschaft. Kunst ist ein Prozess, nicht mehr nur ein Ergebnis. Die Kunst problematisiert und analysiert, unterläuft so auch das Bestreben von Wissenschaft und Technik, den Anschein von Sicherheit, Stimmigkeit und Risikolosigkeit im Berechenbaren zu erwecken. Naturgemäß schafft Kunst dafür Sinnbilder, greifbare Objekte und Konstruktionen, Metaphern, bildnerische Mahnmale, um Aufmerksamkeit zu erregen, unser Bewusstsein zu schärfen. Sichtbare, greifbare Formen haben eine wesentlich längere Verweildauer in unserem Gedächtnis als Worte, Zahlen, Tabellen, Texte. Auf dem Umweg über die Veränderung von Wahrnehmungs- und Bewusstseinsprozessen wirkt Kunst indirekt auch auf die Veränderung von Realität ein. Das künstlerische Prinzip wird zunehmend Triebfeder auch gesellschaftlicher Prozesse.

1.4 Widerstand und Akzeptanz

Gab es in der Entstehungszeit so manchen Kunststils (Impressionismus, Expressionismus, Dadaismus, Actionpainting etc.) noch heftige Gegenwehr und Empörung, lässt sich eine auf Toleranz und Gleichgültigkeit getrimmte Gesellschaft durch fast nichts mehr aus der Ruhe bringen. Der Verlust verbindlicher Traditionen macht zwar frei, erzeugt aber auch eine gewisse Beliebigkeit. Die

Allgegenwart der Medien verstärkt diesen Effekt, stumpft ab und fördert eine globale Austauschbarkeit von allem.

So hängen impressionistische Bilder im Stil eines Monet als Kunstdruck inzwischen selbst in kleinbürgerlichen Wohnungen. Die blauen Pferde von Franz Marc, Bilder von Chagall, Mondrian, Picasso und Kandinsky sind beliebte Dekorationsmotive auf Armbanduhren, Tischsets, Kaffeetassen und Badezimmerfließen. Warhols Marilyn, Actionpainting und expressive Farblandschaften bahnen sich ihren Weg in die Möbelhäuser als Backgrounddeko. Kunst wird heruntergerechnet zum reinen Designobjekt, Dekoration, seines Inhalts und seiner Bedeutung weitgehend beraubt.

Wesentlich schwerer hat es da ein Marcel Duchamp mit seinen Readymades, ein Hermann Nitsch mit Blut-Schüttbildern oder Joseph Beuys mit Fettecken und toten Hasen. Happenings, Aktionen und Performances jeglicher Art und so manche experimentelle Installation oder Videos, sind im Prinzip lediglich als Live-Events wirklich erlebbar, taugen nicht fürs Wohnzimmer, zu sperrig, zu kritisch, zu wenig gefällig.

Doch bei Leibe nicht alles, was Künstler in der Moderne hervorgebracht haben, ist qualitativ nachhaltig. Es gibt auch nach wie vor „schlechte Kunst", Banales und Beiläufiges, Überflüssiges und Überbewertetes. Nicht alles, was sich zu hohen Preisen verkauft, was auf den internationalen Events gezeigt und angepriesen wird, hat auch Bestand. Manches erweist sich als „Blendgranate", als kurzlebiger Hype, als Eintagsfliege, ohne sich prozesshaft in der Szene über längere Zeit hinweg bewährt zu haben.

Es zeigt sich ein fundamentaler Wandel im Kunstgeschehen. Es zählt nicht mehr unbedingt die Erfahrung eines Meisters, nicht lange Zeiträume mühsamen Forschens und exzessives, prozesshaftes Arbeiten oder die Absolvierung der klassischen Berufsausbildung über eine Akademie. Das Ergebnis bildet sich vielfach aus der Entschlossenheit des Einzelnen heraus, Sinnbildhaftes zu formulieren, Metaphern zu finden, Botschaften zu verschlüsseln, gepaart mit Kreativität, Imagination und Intuition.

Unangefochten dominieren in der Kunstszene schließlich die bewährten Meister (Richter, Polke, Baselitz, Lüpertz und andere), bekannte Namen, noch überragt von ihren inzwischen verstorbenen Urvätern der Klassischen Moderne: Picasso, Matisse, Van Gogh usw. Auf diesen Sektor hat sich das internationale Marktgeschehen eingeschossen, hier ist das große Geld zu machen. Und für junge Künstler ist allein schon das Dabeisein bei einer „Dokumenta“ in Kassel oder „Biennale“ in Venedig möglicherweise Startschuss für eine vielversprechende Karriere, was aber nur funktioniert, wenn man in der vordersten Reihe mitspielt, die Regeln und Ansprüche kennt. Anscheinend kann man auf der Biennale in Venedig mit genügend „Kleingeld“ Ausstellungsflächen käuflich erwerben, allerdings in der „letzten Reihe“, schamlose Geldmacherei mit den Hoffnungen junger Künstler.

Die Szene ist für den Laien, den interessierten Kunstfreund undurchschaubarer geworden. Bewertungskriterien scheinen beliebig. Der schnelle Wechsel unterschiedlichster Realisationen und Konzepte von Kunst verwirrt. Die Szene hat an Transparenz verloren.

Wer setzt eigentlich die Gewichtungen, wer bewertet, wer entscheidet? Wir sind lediglich Zuschauer in einem Zirkus der Eitelkeiten, Sensationen und Spekulationen geworden. Einflussreiche Seilschaften regieren die Szene, halten den unvoreingenommenen Betrachter auf Distanz, versuchen ihn zu belehren und so mit festgelegten Maßstäben zu manipulieren. Ein kritischer Diskurs findet in der Regel nicht statt. Kritik wird nicht ausdiskutiert. Das würde die Logik des gesamten Systems in Frage stellen.

Kann es unter diesen Umständen ein wirkliches, fundiertes Verständnis von Kunst überhaupt geben? Sind offizielle Bewertungen objektiv, belastbar und allgemein vermittelbar? Wie hoch ist unser Vertrauen in das studierte Fachpersonal der Szene (Kunsthistoriker, Kuratoren, Galeristen), und sind die überdimensional hohen Preise gerechtfertigt? All diesen Fragen widmen sich einzelne Kapitel dieses Buches. Transparenz ist möglich!

Wir müssen uns aber immer bewusst sein, dass Kunst keine Naturwissenschaft ist, nicht mit Formeln errechnet und durch keine Doppelblindstudien verifiziert werden kann. Wir dürfen keine nachprüfbaren, nachhaltig belastbaren Fakten erwarten. Jegliche Bewertung beweist sich letztendlich erst in einem anhaltenden Markterfolg, lässt eine jede Kritik verstummen.

Hinter all dieser Subjektivität und Unberechenbarkeit läuft aber ein Programm, stillschweigende Vereinbarungen, die sich im Laufe der Jahre herausgebildet und verfestigt haben. Es existieren durchaus Gesetzmäßigkeiten und Regeln, die dazu beitragen, Kunstwerke in ihrer Qualität und Intensität zu unterscheiden. Wirklich beschrieben und als Kontext fixiert sind sie nicht. Eine subjektive Note schwingt immer mit, wenn sich auch die Fachleute meist weitgehend einig sind. In dieser bedingungslosen Subjektivität liegen Stärke und zugleich die große Schwäche der Modernen Kunst.

In einem eigenen Kapitel unternimmt der Autor den Versuch, diese Vereinbarungen zur Bewertung und Einordnung von Kunst annähernd zu objektivieren oder zumindest die wichtigsten Kriterien zu benennen, ohne jeglichen Anspruch auf Vollständigkeit.

Kunstverständnis kann man nicht studieren. Man kann lediglich Wissen über Darstellungstechniken, Kompositionsgesetze und Kunststile anhäufen. Reines, verstandesmäßiges Ansammeln von intellektuell erfassbaren, logischen Fakten reicht nicht aus, um das Wesentliche an der Kunst zu verstehen. Und nicht jeder, der mit schlauen Fachbegriffen um sich wirft, hat ein Gespür für Kunst, hat begriffen, um was es geht.

Erst die Identifikation oder emotionale Hinwendung zu bestimmten Erscheinungen der Kunst, ohne die ein jegliches Kunstwerk lediglich ein theoretisches, abstraktes Konstrukt bleibt, ermöglicht einen wirklichen Zugang. Erst wenn sich Kunstwerk und Betrachter auf derselben Intensitätsebene befinden, miteinander in Resonanz treten, entsteht wirkliches „Begreifen“, erst dann akzeptiert man die unbedingte Notwendigkeit seiner Existenz. Viele derartige Urteile, bezogen auf das Werk eines Künstlers, führen schließlich zu belastbaren, allgemein gültigen Aussagen und Bewertungen, letztendlich durch den Markterfolg verifiziert.

Die Multiplikatoren 1.5

Von der Kunstpädagogik in unseren Schulen über die professionellen Multiplikatoren an den Kunstschulen und Akademien, bis hin zur Museumspädagogik besteht durchaus das Bestreben, den Menschen zu Kenntnis, Verständnis und Akzeptanz moderner Kunstausprägungen zu führen. Für dieses Bemühen wird standardgemäß Beifall geklatscht. Doch sollte auch dieses Ansinnen in Qualität und Zielrichtung einmal grundsätzlich hinterfragt werden. Meist wird versucht, höchst individuelle, prozesshafte Entwicklungen und Ergebnisse einzelner Künstler in unterschiedlichen Epochen vorbildhaft prägend auf die Betrachter zu übertragen. Angesichts einer gewissen Autoritätsgläubigkeit ist in der Regel „Abnicken" angesagt. Kritik oder Nachfragen sind unerwünscht. Serviert werden fertige Ergebnisse, die historischen Prozesse selten transparent gemacht. Eine solche Kunstpädagogik manipuliert mehr, als sie aufklärt. Sie verherrlicht und heroisiert, positioniert vorgeprägte Muster, lässt vor allem keine Kritik zu, womit das System zementiert wird.

Konfrontation und Diskurs 1.6

Ausstellungen und Museen sollten Orte kontroverser Diskussionen sein, Gelegenheiten zu Konfrontation und konstruktiver Auseinandersetzung, nicht „Grabstätten" sorgfältig konservierter Reliquien, Anbetungstempel unvergänglicher „Heiligtümer". Der Betrachter wird auf stumme Distanz gehalten. Gleichzeitig erfolgt eine indoktrinäre Belehrung durch „Fachpersonal", Beschriftung oder interaktive, digitale Medien. Keine kritische Distanz, kein Ansatz zu einer möglichen Relativierung. Die ehrfurchtsvolle „Anbetungshaltung" all den großen Namen, den hoch bezahlten Künstlerfürsten gegenüber, entspricht nicht der natürlichen Dynamik Zeitgenössischer Kunst. Moderne Kunst ist in Wirklichkeit vollgepackt mit emotionalen Provokationen, durchsetzt mit Humor und Ironie, der unbändigen Freude am Experiment.

Alte, reaktionäre Muster der Kunstbewertung, Kunstvermittlung und Vermarktung sind die wahren Bremsblöcke einer dynamischen Kunstentwicklung. Multiplikatoren für Kunst sollten die Bereitschaft und Fähigkeit besitzen, Kunstwerke kompromisslos kritisch zu diskutieren, ohne unter allen Umständen offizielle Bewertungen zu stützen. Dazu müsste aber das Prinzip eines unbedingten Selbsterhalts des Systems durch Ausbildung, unverrückbare Bewertungen und ein spekulatives Finanzmanagement in Frage gestellt werden.

Ebenso muss sich der Künstler selbst einer ergebnisoffenen Diskussion stellen und sich nicht hinter bestehenden Beurteilungen des Fach- und Entscheidungspersonals der Szene in Sicherheit bringen. Solange die Künstler das bestehende System stützen, werden sie keine weiterführende Entwicklung einleiten, werden „einen Teufel" tun, sich gegen die Chance einer eigenen Karriere im Fahrwasser einer dominanten Marktorientierung zu stemmen, auch wenn in der Realität die Erfolgsaussichten dem eines Lottogewinns gleichkommen. Etwa 10 000 Künstler suchen derzeit in Berlin anscheinend ein Atelier, um sich endlich verwirklichen zu können und entdeckt zu werden.

Solange sich das Ausbildungssystem über die Kunstakademien als solider Berufsweg mit bewährten Lehrplaninhalten und realen Erfolgsaussichten präsentiert, Kurse über einen produktiven Umgang mit Verkaufsstrategien und

Marktstrukturen eingefordert werden, das Idealbild des freien, selbstbestimmten und unabhängigen Künstlers als real existierendes Berufsbild proklamiert wird, wird lediglich ein Ideal beschworen, das sich in dieser Form selten bewahrheiten wird.

Begeben wir uns nun auf eine Reise ins Zentrum der Kunst, Ausdruckskraft der Kreativität des Menschen, frei, originell, spielerisch, analytisch, kritisch. Begegnen wir unserer Fähigkeit, sich über das Bestehende hinaus zu erheben, zu verändern, Neues zu denken und mit bildnerischen Konzepten, Ideen und Utopien „Mahnmale" zu schaffen, „Stolpersteine" gegen die Selbstgefälligkeit gesellschaftlicher Strukturen.

Die Liebe zur Kunst 1.7

Über den rein logischen, analytischen Verstand kommen wir aber nur bedingt an Kunst heran. Die Einordnung von Kunst unterschiedlicher Epochen in die Matrix der Kunstgeschichte mag hilfreich sein, ein relativ belastbares Konstrukt zu erstellen, ein Nacheinander und Auseinander einigermaßen nachvollziehbar darzustellen. Mit den Prozessen der Kunst selbst hat das aber recht wenig zu tun.

Kunst kreiert aus internen, psychischen Prozessen heraus eine Intensität, die auch ohne jegliche, logische Matrix funktioniert und den Menschen erreicht. Hat man einmal erlebt, aus welch intensiven und berührenden Prozessen heraus ein/e Künstler/in arbeitet, teilweise unlösbar verwoben mit unbewussten Antrieben, Emotionen und einer spontanen Kreativität, wird man verstehen, dass sich dieser Prozess schließlich auch zwischen dem Betrachter und dem Werk abspielen kann. Kunst ist immer auf Kommunikation angelegt, will gesehen, verstanden, verarbeitet, geliebt oder wenigstens gehasst werden! Die Begegnung mit Kunst hat etwas Erregendes, fast Erotisches an sich, totale Liebe, Faszination und Begierde, aber auch Ablehnung und Aggression.

Es geht grundsätzlich um Leidenschaft, Faszination und Hingabe, um bedingungsloses Engagement und Identifikation. All das sind die Triebfedern bei der Entstehung von Kunstwerken, aber auch das, was schließlich den Betrachter bewegt, ihn in eine heftige, emotionale Beziehung zum Kunstwerk bringen kann und man ist versucht, Parallelen zu menschlichen Begegnungen zu ziehen: *Oft geschieht das spontan, absichtslos und unerwartet. Das „Herz" ist mehr daran beteiligt, als der Kopf. Man ist begeistert und tief berührt, fasziniert von der Einzigartigkeit und Stimmigkeit der äußeren Erscheinung, von der Direktheit der Ansprache, was den Wunsch nach Nähe, nach Besitz auslöst. Kaufen führt oft zum Sammeln, Treue ist aber unproduktiv, Vielfalt erwünscht, Trennungen sind einkalkuliert und hin und wieder ausgesprochen „bereichernd"*

1.8 Ich liebe mich

Seit je her ist ein Kunstwerk von der Aura des Einzigartigen, Einmaligen und Schöpferischen umgeben, purer Ausdruck individueller, menschlicher Kreativität, die weit über das Nützliche, Gebrauchsmäßige hinausgeht. Das authentische Unikat mit Alleinstellungsmerkmal schafft eine unvergleichliche Präsenz, eine geradezu magische Intensität und Faszination.

In einem ersten Akt ist es der Künstler selbst, der Begeisterung und Befriedigung darin erfährt, dass sein Werk mit seinen Absichten, Fähigkeiten und Gefühlen im Einklang steht. In einer bedingungslosen Zuneigung zu seiner eigenen Arbeit bemisst sich für ihn die Qualität und Gültigkeit, was aber oft erst in einem mühsamen Prozess erreicht wird.

Er tritt aus dem Schatten der Genügsamkeit mit den realen Gegebenheiten heraus, zeigt seine ganz individuelle Sicht und Interpretation der Welt. Andererseits gibt er aber auch Einblicke in seine Innenwelt, seine Gefühle und Gedanken, seine Nöte, Vorstellungen und Utopien. In einem mutigen Akt der Selbstdarstellung outet er sich gewissermaßen dem Betrachter gegenüber, riskiert es, geliebt oder abgelehnt zu werden. Eine gelungene Kommunikation mit dem Betrachter ist schließlich Bestätigung und Motivation zugleich.

Du liebst mich 1.9

In einem zweiten Schritt kommt dann der Betrachter ins Spiel. Angezogen von Machart, Inhalt und Botschaft des Kunstwerkes, kann er sich einer emotionalen Bindung oft nicht mehr entziehen. Es ist dabei im Prinzip unwichtig, ob das Kunstwerk aus der Hand eines berühmten Künstlers stammt, oder von einem unbekannten Maler, ob die Arbeit hochgelobt und teuer gehandelt wird, oder günstig in kleinen, regionalen Ausstellungen von Amateurkünstlern erworben werden kann. Zugegeben, große Namen und entsprechende Preisschilder haben aber eine hypnotisierende Wirkung, aber auch das Entdecken neuer Künstler, innovativer Ideen und außergewöhnlicher Talente ist ausgesprochen reizvoll. Galeristen und Sammler berichten immer wieder über magische Momente, in denen sie, angezogen vom Werk eines völlig unbekannten Künstlers, sich der Faszination nicht mehr entziehen konnten, was hin und wieder durchaus der Startschuss für eine vielversprechende Karriere des Künstlers sein kann, insofern weitere, maßgebliche Voraussetzungen für eine „Marktfähigkeit“ beim Künstler selbst erfüllt sind.

1.10 Nicht ohne Vorspiel

Die Begegnung mit einem Kunstwerk ist immer auch abhängig von Vorbedingungen wie Sehgewohnheiten, Bildung, Umgebung und Erziehung, Erfahrungen mit Kunst aus unterschiedlichen Stilepochen und Prägung durch einen bestimmten Zeitgeist. So entwickeln sich nach und nach Vorlieben für bestimmte Darstellungsstile, Themen und Techniken. Im Volksmund wird dann vielfach von unterschiedlichem „Geschmack“ gesprochen, womit die emotionale Verankerung in einer bestimmten Bildwelt, Stilepoche und Darstellungsart gemeint ist.

Wissen und Vorerfahrungen grenzen also im Prinzip unseren Horizont ein, schaffen Schwerpunkte, Vorlieben und damit aber auch Spaltung. Die unbeschwerte Freiheit und Unbekümmertheit kann verloren gehen. Schnell entwickeln sich dadurch sich gegenseitig „bekämpfende“ und ausschließende Maßstäbe.

Auch in der Kunst laufen derzeit die ersten Versuche, Kunstwerke automatisiert durch Computer erstellen zu lassen, also basierend auf einer Fülle von Algorithmen, die der Rechner dann kombiniert, wohl bemerkt, nicht komponiert, denn das wäre ja ein freier, kreativer Akt, bisher noch dem Menschen vorbehalten. Das vom Computer geschaffene Werk wird zum reinen Rechenexempel, das lediglich eine visuelle Oberfläche erschafft, die aber durchaus ihren ästhetischen Reiz haben kann. Auf dem internationalen Kunstmarkt haben sich erste, computergenerierte Arbeiten als Innovation inzwischen erfolgreich positioniert. Auch bietet die hochtechnisierte und perfektionierte Druckbranche Kopien von bekannten und berühmten Gemälden an, die auf den ersten Blick von den Originalen kaum zu unterscheiden sind. All diese Machwerke haben aber lediglich Stellvertreterfunktion, befriedigen zwar das Auge, nicht aber unser inneres Werteempfinden. Wir unterliegen also einer Täuschung, die unweigerlich in die Enttäuschung führen muss, sofern man sich dessen nicht von Anfang an im Klaren war und lediglich nach einer überzeugenden, gut gemachten und bezahlbaren „Dekoration" gesucht hat.

Durchnummerierte Serigrafien mit Originalunterschrift des Künstlers bilden ein Medium zwischen Unikat und Kopie und werden auf dem Markt als Originale in einem reduzierten Preissegment gehandelt. Dennoch fehlen Flair und Magie des einzigartigen, handgefertigten Unikats.

Marcel Duchamp hat Anfang des 20. Jahrhundert den Prozess der Infragestellung und Neubewertung künstlerischer Arbeit demonstrativ vorgeführt, indem er Objekte aus der industriellen Produktion direkt und unbearbeitet in die Zone der Kunst versetzte (Pissoire/Fontaine [21]). Seine Readymades „erschrecken" mit der aussichtslosen Suche nach einer einmaligen, individuellen, emotionalen, authentischen und handwerklichen Einzigartigkeit der Arbeit. Ihre Kraft und Bedeutung liegt einzig in der Konzeption, in ihrer Absicht und einem Akt der Bestimmung. Das bildnerische Mittel ist der Gedanke selbst. Eine ähnliche Entwicklung haben wir in der Arte-Povera [22] oder der Konzeptkunst [23]. Das Kunstwerk ist lediglich der materielle Fallout einer Idee, ein flüchtiges Sinnbild, von seinem Erscheinungsbild her eigentlich „unverliebbar". Kunst wird zur Kopfsache, ein Bewusstseins- und Denkvorgang. Die emotionale Bindung und Faszination, der Eros, hat sich vom „Herz" in die „grauen Zellen" verschoben, ist zu einer philosophischen Konstruktion mutiert. Aber auch hier sind begeisternde Höhenflüge möglich! Kann man sich in eine Konzeption, eine Idee, verlieben? Warum eigentlich nicht, ablesbar an der bedingungslosen Hingabe von Menschen gegenüber so mancher Ideologie und Philosophie, Religion oder Wissenschaft.

Mancher mag die Entwicklung hin zu konzeptueller, kritisch reflektierender Kunst bedauern, sich die „alten" Zeiten zurückwünschen, als Kunst noch begreifbar, schön und vertraut, stabilisierend, emotional und gefällig, konstruktiv, gut gemacht und zum Verlieben intensiv war.

Doch man darf nicht vergessen, dass auch eine kritisierende, bewusstmachende, unbequeme und antiästhetische Kunst durchaus den Blick nach vorne wendet, sich aber nicht in schönen Heilsversprechen und emotionsschwangeren Sentimentalitäten verirrt. Auch Provokation erzwingt Aufmerksamkeit, braucht Publikum und Konfrontation. Die Kunst ist und war schon immer nur gültig in Kommunikation. Hier bewährt sie sich, nur in der Beziehung zum Betrachter ist sie in Wirklichkeit überhaupt existent! Dies betrifft nicht nur Bild-

werke und Objekte. Besonders darstellende Realisierungstechniken (Happenings, Environments... [24]) leben aus der unmittelbaren Erlebbarkeit heraus und verlieren weitgehend Bedeutung, Sinn und Zweck in Isolation und Abgeschiedenheit.
Dazu ein Zitat von Berthold Brecht: *"Kunst ist nicht, wenn man in die Stube scheißt. Kunst ist, wenn man unter Beifall in die Stube scheißt."* [1]

Spiel, Spaß und Leichtigkeit 1.11

Theoretische Texte über Moderne Kunst neigen dazu, den Faktor Heiterkeit, Humor, Spiel und Spaß weitgehend zu eliminieren. Künstler arbeiten schließlich ernsthaft und konsequent prozesshaft, leiden hin und wieder schwer an persönlichen Schaffenskrisen, kämpfen mit sich und dem Material, ringen permanent um Sinn und Zweck ihrer Arbeit und schließlich um Anerkennung und Verständnis, leiden unter Ablehnung, Ignoranz und fast immer an Geldmangel. Das alles ist sicherlich auch Realität, heute ebenso wie in Zeiten, als Kunst noch ein strenges, traditionelles Handwerk war. Damals regierten feste Ordnung, eine ausgeprägte Hierarchie zwischen Meister und Gesellen, traditionelle Maßstäbe und eine unbedingte Qualitätskontrolle der Auftraggeber. Für ausgefallene Ideen, neue Konzepte und Experimente war kein Platz. Jedes spielerische, utopische Element hätte das System gefährdet.

Einmal von der psychologischen Seite betrachtet streben wir alle nach Selbstverwirklichung, nach einem Leben in Eigenverantwortung, nach Freiheit in allem, was wir denken, fühlen und tun. In unserer Kindheit waren die Türen dahin noch weit geöffnet. Das kindliche, freie Spielen ist das zentrale Erleben dieser Freiheit, ein ungehinderter Fluss an Ideen, Fantasien, Wünschen und Utopien. Aus einem krummen Ast wird eine Pistole, ein Stück Stoff wird zum Kleid, zum Himmel oder zum fliegenden Teppich, ein kleiner Sandhügel zum Berg, von wo aus man „seine Armeen in die Schlacht schickt“. Im künstlerischen Tun kann man sich ein großes Stück dieser Freiheit bewahren.

Picasso sagte einmal: *„Jedes Kind ist ein Künstler. Das Problem ist nur, ein Künstler zu bleiben, während man erwachsen wird.“* [2]

Die Erlaubnis und Freiheit, irgendwo noch ein Kind zu bleiben, seiner Fantasie freien Lauf zu lassen, spielerisch mit allem umzugehen, ohne Risiko alles ausprobieren zu können, letztlich alles und jedes in diesen Prozess mit einbeziehen zu können, ist eine der wertvollsten Qualitäten unserer Fantasie. Die Kunstgeschichte ist übrigens reich an Persönlichkeiten, die sich diesen Traum mit einem außerordentlichen Hang zur Selbstdarstellung erfüllt haben: Salvador Dali, Picasso, Schwitters und Duchamp, Andy Warhol, Jeff Koons, Ai WeiWei und viele andere „Kinder“.

Das freie Spiel ohne vorgegebene Regeln, Abläufe und Ziele, ist ein zentraler Wesenskern des Menschen. Es schafft Fiktionen und Utopien, mögliche alternative Lösungen, wenn auch noch ganz im Spiel, ohne die Grenzen der Realität voll zu berücksichtigen. Spielerische Lösungen sensibilisieren und öffnen den Blick über angebliche Grenzen hinweg. Sie machen Mut zu neuen Entscheidungen. Hierin liegt die eigentliche Kraft so mancher Kunstwerke, die in spielerischer Form Reflektionen anbieten, um Realität neu zu denken. Kunst macht keine Vorschläge für konkrete Lösungen. Diese ergeben sich schließlich aus der Kombination von Gedankenmodellen und der Realität mit ihren Möglichkeiten. Kunst sensibilisiert lediglich, öffnet unsere Fantasie und lässt neue Gedanken zu. Um dies zu ermöglichen, muss die Kunst selbst, der einzelne Künstler, frei sein. Wie das Kind sich im freien Spiel nach und nach der Realität nähert als eine Art Vorübung für die Welt mit all ihren eingebauten Grenzen und Enttäuschungen, so öffnet die Kunst in ihren Konzepten und Werken die Annäherung an eine neue, veränderte, bessere Welt, sinnbildhaft oft als Metapher, Symbol, Bild oder Konzept.

Verlassen wir nun die Ebene des Idealismus, die Welt der Illusionen und unbegrenzten Möglichkeiten, den Bereich der „straffreien“ Experimente und des unbefangenen Spiels. Auch in der Kunst ist das nur eine Seite der Medaille.

Schließlich „schnappt“ auch für die „Freibeuter“ der Kunst die Realitätsfalle zu. Die spielerisch entstandenen Werke und Konzepte werden irgendwann beurteilt, verglichen, bewertet und vermarktet. Alle Freiheit wird in ein Ordnungssystem eingebracht, in eine logische Folge unterschiedlicher Stile und Richtungen. Dieser Weg vom Spiel zum Ernst, vom Experiment zur Bewährung, von der Idee zur Realisierung schlägt sich schließlich in Bewertungssystemen nieder und beeinflusst den freien künstlerischen Akt maßgeblich.

Der Bohèmien 1.12

Mit der Modernen Kunst setzt eine völlig neue Arbeitsweise ein. Mit der Loslösung des einzelnen Künstlers von praktisch allen Abhängigkeiten, nur sich selbst verantwortlich in allem, was er denkt, fühlt und macht, bekommt der künstlerische Prozess eine hoch emotionalisierte, spielerische Note, mit deren Folgen der Künstler aber auch selbst fertig werden muss. Um diesen Prozess etwas abzufedern, formierten sich in allen Epochen der Modernen Kunst Künstlergemeinschaften, lose Gruppierungen von Gleichgesinnten, die sich gegenseitig stützten und stärkten.

Dabei geht es weniger um das Kompensieren von Schwierigkeiten. Man bildete einen „verschworenen" Bund, einen kreativen, experimentellen Kreis Gleichgesinnter, wo Humor, Spaß und ausschweifendes Feiern nicht zu kurz kamen. In Kombination mit einem Lebensstil am Rande der Gesellschaft mit teils exzentrischen Persönlichkeiten bildete sich dann das Bild vom typischen Bohèmien. Er ist Mitglied einer Randgruppe der Gesellschaft, eine Subkultur, die vor allem in Intellektuellenkreisen Verbreitung fand, unangepasst, aufmüpfig, mit einem etwas „lockeren", teils verruchten Lebensstil. Die Bohème gehört auch heute noch ebenso zu den Klischees des Künstlertums, wie ein unaufgeräumtes Atelier in einem nüchternen, ungemütlichen Loft, ein farbverschmierter Arbeitskittel, eingetrocknete Pinsel, Paletten, Staffelei und ein extravagantes Auftreten. Vergessen wird meist die recht unangenehme Seite des „klassischen" Bohème-Daseins: Finanziell knapp bei Kasse, vielfach vom angepassten Normalbürger nicht ganz ernst genommen, isoliert, geplagt von Identitätskrisen, beständig auf der Suche nach Ausstellungsmöglichkeiten, nach Anerkennung und Verkäufen seiner Arbeiten.

Im Prinzip jagen selbst heute noch ganze Generationen von Kunststudenten diesem Ideal von Freiheit und Unabhängigkeit hinterher und sind bereit, dafür Opfer zu bringen. Nicht wenige glauben, dass in einem gewissen „Notstand" eine besondere Kraft liegt, Antriebsenergie für intensivere Kunst, um schließlich irgendwann als ausgleichende Gerechtigkeit endlich entdeckt zu werden.

Nach wie vor ist aber die Chance auf einen der vorderen Plätze im Kunstgeschehen angesichts übergroßer Konkurrenz verschwindend gering. Dennoch ist der „Run“ in Kreativberufe ungebrochen hoch. Die eigenen Ideen realisieren und von den Ergebnissen selbständig und völlig unabhängig seinen Lebensunterhalt bestreiten können, ist attraktiver denn je. In der nüchternen Realität sucht man dann oftmals die Kombination in einem weitgehend abgesicherten Berufsweg, landet schließlich an Schulen als Kunsterzieher, gliedert sich dem Aufgabenspektrum einer Designagentur unter oder kommt mit eigens veranstalteten Künstlerkursen für Freizeit und Hobbymaler über die Runden.

art

2.0 Die Kunst der Moderne

Ohne gewisse Übereinkünfte, Basisbausteine und Einordnungen ist das Phänomen der Modernen, Zeitgenössischen Kunst nicht wirklich zu begreifen. Deshalb widmen sich die nächsten Kapitel in komprimierter, leicht verständlicher Form diesen Grundlagen, den Basics der Modernen Kunst, um einen gewissen Konsens im Grundverständnis unter den Lesern herzustellen.

2.1 Umsturz

Die Moderne Kunst ist überhaupt nur zu verstehen aus einer Zweckfreiheit heraus, nur wenig abhängig von einer traditionellen, gesellschaftlichen Struktur oder gebunden an Auftraggeber, Ideologien und politische Überzeugungen, frei von ästhetischen Dogmen und handwerklichen Traditionen, sondern einzig und allein der Schöpferkraft des Individuums verpflichtet.

Kunst hatte Jahrtausende lang einen angestammten Platz in der Gesellschaft, als Schmuckelement, als bildhafte, historische Aufzeichnung, als Statussymbol, als Visualisierung von ideologischen, politischen oder religiösen Inhalten. Mit der Modernen Kunst befreit sich der Mensch als Individuum von äußeren Zwängen, Autoritäten und Vorbestimmungen, ohne Ansehen seiner Stellung, Bildung oder Macht. Mit der Freiheit in Konzept und Produktion ist unweigerlich verbunden das Abstreifen von Traditionen, damit meist auch ein sich Entfernen von der sozialen Gruppe, ihren Werten, Zielen und Regeln. Künstler werden so oft zu Außenseitern, auf der einen Seite skeptisch betrachtet, aber auch geschätzt als Innovationsgeber, geduldete „Störenfriede“ mit Veränderungspotential, zumindest in Staaten mit einer freiheitlichen Gesellschaftsstruktur. Kunst ist nicht selten auch Projektionsfläche der eigenen Unfreiheit und Begrenztheit, geliebter Ort verborgener Sehnsüchte.

Im Gestalterischen führt der Anspruch auf möglichst große Freiheit zu einer völligen Individualisierung der Ausdrucksformen, was aber ihre Lesbarkeit massiv beeinträchtigt und es schwierig macht, einen Konsens in Bewertung und Verwendung herzustellen. Der Künstler wird zum authentischen Schöpfer einer neuen Wahrnehmung, geduldet in einer „straffreien“ Nische, Spielwiese für Experimente, Utopien, Provokationen und Exzentrik. Dort entstehen die unterschiedlichsten Spielarten von Kunst, Sinnbilder als Spiegel der Gesellschaft ebenso, wie Ausdruck innerpsychischer Zustände. Kunst will mehr sein, als Objektbetrachtung, als Reden und Analysieren. Moderne Kunst ist in der Lage, gesellschaftliche Positionen durch Polarisierung aufzuzeigen, Wege zu einer konstruktiven Verbindung von Ideen und Werten im Gestalterischen zu spiegeln. Kunst ist im Prinzip immer indirekt, nicht dogmatisch oder direkt handlungsanleitend. Der Weg geht mehr über die Selbstreflexion als über Belehrung. Sicherlich wird nicht eine jede Kunstäußerung diesem Anspruch gerecht, muss es auch nicht. Nach wie vor hat auch Kunst, gemacht um ihrer selbst willen (L´art pour l´art), eine Berechtigung, auch Ästhetik, Schönheit, Harmonie, auch die reine Abbildung der Wirklichkeit und jede Art von abstrakter Distanzierung und Reduktion. Das Feld ist offen.

2.2 Die große Freiheit

Nach Jahrtausenden, in denen das künstlerische Gestalten in unmittelbarer Abhängigkeit von gesellschaftlichen und ideologischen Bezügen stand, spiegelt die Moderne Kunst den Befreiungsakt des Individuums aus jeglicher Knechtschaft. In einem beispiellosen Akt der Befreiung lassen Künstler innerhalb weniger Jahrzehnte ihre Abhängigkeit von handwerklichen, ideologischen und politischen Traditionen hinter sich. Sie stellen ihr Tun ausschließlich in die Verantwortung des Individuums und bilden bis in die aktuelle, zeitgenössische Kunst hinein den Prototyp des selbstverantwortlichen, seiner Schöpferkraft bewussten Menschen ab. Schon früh haben freiheitliche, demokratische Staaten die kreativ erneuernde Kraft der Kunst erkannt, ihr einen großzügigen Freiraum zugestanden, in dem sie sich ohne politisches und ideologisches Reglement weitestgehend frei entfalten kann.

Soweit alles gut, wenn da nicht die Schwierigkeit wäre, so manches Machwerk und oft auch die Künstler selbst, unmittelbar verstehen zu können, nachvollziehen zu können, was sie mit ihren Arbeiten bewirken wollen. War die Lesbarkeit von Kunstwerken früher traditionell (vor dem 19. Jahrhundert) formal weitgehend allgemein dekodierbar, inhaltlich identifizierbar, an handwerkliche Traditionen geknüpft, verlässt die Moderne Kunst diesen Bereich und entwickelt sich zu einem reflektiven, abstrahierenden Medium, was sich schließlich auch in den Darstellungstechniken ausdrückt. Das Abbildhafte, Dekorative und Handwerkliche tritt zunehmend zurück zugunsten freier, individueller, künstlerischer Konzepte, die Traditionen teils radikal hinter sich lassen. Deutung und Bedeutung verdrängen den wahrnehmbaren Werk- und Objektcharakter zunehmend. Kunstwerke mutieren vom Objekt zum Subjekt. Ohne Interpretation hat das Kunstwerk vielfach keine Bedeutung, wird zum unverstandenen, materiellen Fallout eines Konzeptes und verliert dadurch seine Existenzberechtigung. Damit bildet sich ein neues System in der Akzeptanz von Kunst. Parallel zum eigentlichen Kunstwerk entwickelt sich eine theoretische Metaebene, ein Begründungs- und Erklärungssystem mit eigenen Fachleuten, einer eigenen Fachsprache, eigenen Präsentationsebenen und vor allem, einem immanenten Markt mit unterschiedlichen Abhängigkeiten.

Gesellschaftlich betrachtet wird Kunst immer mehr zum Seismographen für aktuelle Verhältnisse, aber auch zum Spiegelbild individueller, psychischer Konstellationen und zum Experimentierfeld mit Aspekten unseres Sehens und Wahrnehmens. Moderne Kunstwerke analysieren praktisch alle Ebenen unseres Zusammenlebens, unserer Realitätswahrnehmung. Oder, Künstler widmen sich, vergleichbar mit Naturwissenschaftlern, der Struktur der Wahrnehmung über unsere Sinne, indem sie sich auf immer kleinere Einheiten konzentrieren (Reduktion), die Vielfalt der Oberfläche auf Grundformen abstrahieren. Die Ergebnisse ihrer „Forschungen“ liegen schließlich nicht in Form wissenschaftlicher Tabellen und Berechnungen vor, sondern als einprägsame Bilder, Symbole und Metaphern, formal verschlüsselt.

Kunstwerke tragen Botschaften, einprägsam in Form und Gestalt ausformuliert, ehrlich, mutig, provokativ und nachhaltig. Kunstwerke sind immer in Abhängigkeit zu dem jeweils aktuellen Zeitgeist zu sehen, bilden immer Werte, Regeln und Prinzipien der jeweils aktuellen Zeit ab und sind in ihrer Wirksamkeit extrem kurz getaktet. Einmal eingegangen in die Matrix der Kunstgeschichte werden sie auch heute noch zu zeitlosen Dokumenten, ganz im Stil jahrhundertelanger Tradition.

Besonders in der Zeitgenössischen Kunst ist aber vieles nicht mehr für die Ewigkeit gemacht, als fertige Arbeit oft flüchtig, instabil oder substantiell verderblich, aus einer kurz getakteten Gegenwart heraus erschaffen, Aktualität mit eingebauter Sollbruchstelle und somit per se schon Spiegelbild einer rasanten Entwicklung in Gesellschaft, Wirtschaft, Wissenschaft und Technik im 20./21. Jahrhundert.

Vieles ist nur im Prozess erlebbar und sinnvoll: Performances, Aktionen, Happenings. Die Kunst hat längst die Staffelei verlassen, braucht nicht mehr das Oberlicht eines großzügigen Ateliers, nicht Pinsel, Leinwand und edle Ölfarben, auch nicht die ehrfürchtige Stille bewachter Museumssäle. Moholy-Nagy sagte schon in den 1920er Jahren:*„ Das traditionelle Bild ist historisch geworden, es tauge allenfalls noch zur Form- und Farbgestaltung.“* [25]

Dennoch wird immer noch gemalt und gezeichnet, fotografiert, collagiert, montiert und plastiziert, was das Zeug hält! Die klassischen Darstellungstechniken sind keinesfalls verschwunden und das vielmals totgesagte Tafelbild feiert in tausendfacher Ausführung und Variation fröhliche Urständ.

Im Wesentlichen verlangt der Kunstmarkt nach Objekten, die leicht handelbar sind, verstaubar in Transportbehältern, geeignet zum Aufhängen an Wänden oder stabil im Raum stehen, über Auktionshäusern unkompliziert präsentier- und verkaufbar.

Wie in den Jahrhunderten zuvor sind es die großen Namen, die schillernden Künstlerfürsten, Anführer so mancher neuer, revolutionärer Kunstrichtung, die den Markt dominieren. Sie alle liefern fast immer auch Bilder, Skulpturen oder Konstruktionen mit Objektcharakter.

Einmal Kunst – immer Kunst 2.3

In der Regel existiert in der Kunst bei offiziell anerkannten Werken kein Verfallsdatum, was zu einem zwanghaften Archivieren führt. Alles, was einmal in die heiligen Hallen der großen Kunst eingezogen ist, wird zum historischen Dokument, sorgfältig archiviert, notfalls aufwendig restauriert, präsentiert und gehandelt. Ein reaktionärer Kunstmarkt reproduziert sich unaufhaltsam in den traditionellen Strukturen, die weit in die letzten Jahrhunderte zurückreichen. Ein Bereinigungsmechanismus existiert nicht und nur selten verschwindet das Werk eines Künstlers aus der kunstgeschichtlichen Verankerung, wenn er den Ansprüchen des Marktes auf Dauer nicht standhalten konnte oder sich als Fälschung herausgestellt hat. Die Depots der Museen füllen sich wie eh und je mit Arbeiten, die dem Zeitgeist entsprechen und die auf dem Markt hochwertig gehandelt werden.

Dabei haben sich die Künstler der Moderne doch redlich bemüht, diese Traditionen zu sprengen und ihnen zu entkommen und dies mit unübersehbarer Ernsthaftigkeit, laut, provokativ, radikal. Doch letztendlich entkommen sie den Machenschaften des Kunstmarktes nicht, der wie von Zauberhand „Stroh“ zu

„Gold“ werden lässt, wenn auch ursprünglich als hinfälliges Konzept erschaffen. In einer konzertierten Aktion von Kunsttheoretikern, Sammlern und Kuratoren wird geadelt und heroisiert, präsentiert, kalkuliert und spekuliert, was das Zeug hält. Sie sind die wahren Macher, aber auch Bremsklötze der zeitgenössischen Kunst. „Einmal Kunst“ heißt „ immer Kunst“ und dies in Endlosschleife.

2.4 Die Opportunisten

Neben den Aussteigern und Rebellen beweisen sich oft bekannte Künstler sehr erfolgreich als Opportunisten. Sie steigen bewusst in den Kreislauf einer sensationsgeilen Vermarktungshysterie ein, produzieren Kunst am Fließband mit immer derselben „Masche“. Erfolgsversprechend sind auch Arbeiten mit sozialkritischem Ansatz: Objekte mit maroden Flüchtlingsbooten, Schwimmwesten von Migranten, Gewalt und Unterdrückung etc. Dieser Prozess spiegelt aber durchaus Problembereiche unserer Zeit und steht damit konsequent im Spektrum und Aufgabenfeld zeitgenössischer Kunst. Was bleibt ist die Frage nach der Originalität, der Intensität und Unverzichtbarkeit der Arbeit.

Der Markt wird so zunehmend überfrachtet mit einer Unmenge an Machwerken unterschiedlichster Qualität. Kunstdepots werden gesprengt und so manches Werk ist dem Verfall anheimgegeben, bevor es in der nächsten „Alibiausstellung“ gezeigt werden kann. Eine effektive Entsorgungskultur existiert nicht, ist auch nicht gewollt, ganz nach dem Motto: Einmal Kunst = Immer Kunst. Heroisierung, Idealisierung, Vermarktung und Restaurierung bis in alle Ewigkeit.

Der einzelne Künstler kann unmöglich dem Räderwerk von Erfolg und Misserfolg entkommen. Um seine Existenz zu sichern, wird er sich diesen Strukturen versuchen anzupassen. Eine der häufigsten Forderungen von Studenten/innen an Kunstakademien ist eine effektive Einführung in die Mechanismen des Kunstmarktes und die Vermittlung erfolgreicher Strategien für Verkäufe und Ansehen. Über die realen Erfolgsquoten wird nicht ernsthaft geredet. Dagegen ist die Teilnahme am Lotto-Glücksspiel wenigstens mit einer realistischen Chancenangabe verbunden (1 : 139.838.160 für den Hauptgewinn). Von der Kunst leben zu können ist nur wenigen vergönnt und hängt nicht in erster Linie von der Qualität der künstlerischen Arbeiten ab. Eine wichtige Rolle auf der Leiter zum Erfolg spielen engagierte, gut vernetzte Galeristen. Dort werden Beziehungen geknüpft, erste Verkäufe gesetzt und der Weg in Sammlerkreise eröffnet. Entscheidend ist Stellung und Einfluss der jeweiligen Galerie in der Szene. Große, überregional und international bekannte Galerien sind in die Strukturen des globalen Kunstmarktes in der Regel erfolgreich integriert, aber auch davon abhängig. Mittlere, kleine und regional agierende Galerien fristen dagegen vielfach ein Schattendasein, können sich finanziell nur mühsam über Wasser halten, einsam agierende Idealisten, ohne die der Szene aber das wichtige Bindeglied in die Randbereiche des Kunstschaffens hinein fehlen würde.

So sehr sich auch Struktur und Konzept der Kunstwerke verändert haben, so sehr blieb die Künstlerrolle über die Jahrzehnte hinweg weitgehend unverändert. Sein Image als eigenwilliges Genie und unbequemer Bohèmien, leidenschaftlicher Schöpfer origineller Objekte mit Alleinstellungsmerkmal, seine Verankerung im Getriebe des Kunstmarktes, sein Angewiesensein auf Anerkennung, Präsentation und Verkauf, repräsentieren nach wie vor das verstaubte Künstlerbild der Romantik.

Die Anti-Kunst-Parolen der Dadaisten (zu Anfang des 20. Jahrhunderts) blieben offensichtlich ohne nachhaltige Wirkung. Kein Wunder, wurde doch selbst das „Pissoire" von Duchamp [26] zur Ikone Moderner Kunst, unbezahlbar, wenn es als Original noch existieren würde.

Und solange die Riege der Kunstsachverständigen, die studierte Elite der Kunsthistoriker, Kuratoren und Galeristen, aber auch die von Leidenschaft getriebenen Sammler, dieses System stützen, wird es sich weiter aufblähen, einer Spekulationsblase an der Börse gleich. Und bevor uns dann alles unkontrolliert um die Ohren fliegt, sollten wir noch rechtzeitig beginnen, eine effektive Entsorgungskultur zu entwickeln, welche die zeitgebundene Intensität und Aktualität von Kunstwerken in den Mittelpunkt stellt. Solange wir das Endprodukt/Kunstwerk als das Maximalziel allen künstlerischen Bestrebens in den Mittelpunkt stellen, es zur zeitlosen Ikone erheben, handeln wir nach einem reaktionären Muster, das viele Künstler im 20. Jahrhundert selbst längst schon überwunden haben.

Sicherlich gibt es Zeitdokumente, die einer Archivierung und Dokumentation bedürfen, die Frage ist nur in welcher Menge und Form. Vieles könnte nach einer aktuellen Präsentation wieder von der Bildfläche verschwinden, Platz machen für neue Ideen, neue Konzepte, neue Realisierungen. Dem entgegen steht die Achtung der Professionalität der Künstler, die Achtung vor jedem einzelnen Werk, als einmaliges Zeugnis seiner Genialität. Dabei hat die Moderne Kunst vielfach diese Materialhaftigkeit längst verlassen. Es dominieren Konzepte, Ideen, Skizzen, Hinweis-Aktionen. Historisch gesehen gilt: Einmal Kunst = Immer Kunst! Diesen Kreisläufen zu entkommen ist nur durch einen radikalen Systemwandel möglich. Wir brauchen einen neuen Kunstbegriff. In Wirklichkeit existiert dieser längst, manifestiert in unzähligen Kunstkonzepten und Aktionen, aber hartnäckig ignoriert vom Handel. Die an der Kunstgeschichte ausgerichtete Bildungselite der Szene ist nicht in der Lage, über den Tellerrand des eigenen, starren Systems der traditionellen Fixierung auf Objekte hinüberzuschauen. Dies ist letztlich kein Vorwurf, keine Schuldzuweisung, sondern logische Konsequenz der Ausbildung zum Kunsthistoriker, die keine andere Perspektive zulässt, ohne sich selbst in Frage stellen zu müssen.

Deswegen muss allerdings die Tradition des Tafelbildes oder der Plastik nicht verschwinden. Ein Gerhard Richter wird weiter seine großformatigen Bilder zu horrenden Summen verkaufen. Jeff Koons wird ebenfalls Tulpen oder Balloon-Dogs aufwendig und unübersehbar groß reproduzieren und bei Christies wird sich immer wieder ein Van Gogh, Picasso oder Leonardo da Vinci finden, der für hunderte Millionen den Besitzer wechselt. Das alles soll nicht verschwinden, ist notwendig, muss genau so möglich sein und gemacht werden. Das macht die Lebendigkeit der aktuellen Szene aus, ist Spiegel derzeitiger Lebensstrukturen. Die Kunst muss immer die Freiheit haben, alles zu machen, auch das Irrationale, das Gegenläufige, Unlogische und Kontraproduktive. Wenn wir aufmerksam sind und uns nicht von traditionellen Mustern ablenken lassen, erkennen wir die Mechanismen. Es sind nicht die

Kunstwerke, die zu kritisieren sind, und seien sie noch so banal und provozierend, sind sie doch in vorderster Front auch anschauliche Zeugnisse einer Fehlentwicklung auf einer darüber liegenden, dominanten Ebene.

Akzeptieren wir die Vergänglichkeit mancher Werke Moderner Kunst, sammeln wir die geistigen Impulse und Konzepte und lassen wir die materiellen Endprodukte wieder gehen, machen wir Platz für Neues, Innovatives, Überraschendes. Haben wir den Mut, unendlich sich wiederholende Werkkreisläufe einzelner Künstler zu unterbrechen. Jegliche Heroisierung, gestützt durch entsprechende Marktpreise, mindert die Intensität, beraubt die Kunst ihrer eigentlichen Funktion. Brauchen wir wirklich noch ein weiteres, auf dem Kopf stehendes Gemälde von Baselitz, ein neues Nagelbild von Uecker oder noch ein monströses Kitschobjekt von Jeff Koons? Damit wird lediglich das Bedürfnis von Sammlern, Museen und Spekulanten bedient.

Angesichts der Dominanz des Marktgeschehens und einer reaktionären, an traditionellen Werten ausgerichteten Ausbildung und Prägung des „Fachpersonals“ der Szene, erscheint eine Neubesinnung illusorisch, die Seilschaften der Entscheidungsträger werden nicht den „Ast absägen“, auf dem sie sitzen. Die Bauernopfer sind die Produzenten am unteren Ende der Wertschöpfungskette, die Künstler, denen nichts anders übrig bleibt, als sich den Erwartungen und Strukturen des Marktes anzupassen, um nicht durchs Raster zu fallen.

Und welche Rolle spielen die Kunstinteressenten, die Kunstliebhaber, die unbefangenen Betrachter? Es ist unproduktiv auf deren Verbleib zu achten, spielen sie doch im großen Zirkus der Sensationen keine Rolle. Sie sind Statisten in einem abgekarteten Spiel, simulieren mit ihrer Anwesenheit und Begeisterung die Interessen der Masse, einen offensichtlichen Bedarf.

Wenden wir uns einmal der Produktionsebene von Kunst zu. Jeder, der malt, zeichnet oder fotografiert, weiß, dass das von ihm angefertigte Bild naturgemäß lediglich zwei Dimensionen aufweist. Die 3. Dimension, das Körperhafte im Raum, geht verloren. Das Fehlen einer erlebbaren 3. Dimension verfälscht den Blick auf die Realität und eröffnet einen weiten Raum für Fehleinschätzungen und Manipulation. Bei einer zweidimensionalen Abbildung geht ein Großteil der Objektinformationen aus der 3. Dimension verloren. Das Abbild muss sich zwangsläufig auf eine einzige Perspektive beschränken: Frontalansicht, Seiten- und Rückansicht, Vogel- oder Froschperspektive. Die Stellung des Körpers im Raum kann nicht wirklich erfasst werden, ebenso der Zeitfaktor, Haptik, Funktion, Geruch, Töne. Der vom Darstellenden gewählte Bildausschnitt fokussiert nur auf bestimmte Aspekte, alles andere wird eliminiert, vor allem bei der Fotografie, deren Bilder wir aber doch als weitgehend authentische Abbildung der Realität betrachten, ganz und gar zu Unrecht!

Da wir die Welt dreidimensional erleben, empfinden wir uns selbst immer als einen Teil davon im Raum, nehmen unterschiedliche Betrachtungsstandpunkte, Blickwinkel ein. Für unser Erleben ist der Verlust des dreidimensionalen Raumes eine dramatische Einschränkung. Der zweidimensionale Bildraum wird zum stark reduzierten Fensterausschnitt mit Blick in eine „surreale“ Welt, die so nirgends wirklich existiert. Wahrnehmungspsychologisch gesehen werden wir zum teilnahmslosen Betrachter, deaktiviert, emotionslos und an einem handelnden Eingreifen in die Realität gehindert, vielfach getäuscht und manipulierbar. Damit haben sich zu allen Zeiten die Maler und Zeichner auseinandergesetzt und die unterschiedlichsten Lösungen gefunden, um als Spiegelbild der Realität doch noch akzeptiert zu werden.

Mit der Fotografie gelingt erstmals das optische Festhalten der gesehenen Realität auf rein technischem Wege, Abziehbilder der Umwelt. Malerei und Zeichnung haben sich niemals ganz von dieser „Konkurrenz“ erholt und haben sich in der Folge von einer Dokumentation der Realität als abbildendes Medium weitgehend zurückgezogen. Hier trumpft die Fotografie auf, jederzeit verfügbar, schnell und unkompliziert, vor allem in Zeiten von automatisierten Digitalkameras und Smartphones. Wir leben in einer von Bildwelten millionenfach gefluteten Realität, an der sich praktisch jeder beteiligt.

Die Einschränkung auf eine zweidimensionale Abbildung in allen visuellen Medien hat aber gravierende Folgen für die Sichtweise, Beurteilung und Verarbeitung der Realität. Über die wahrnehmungspsychologischen Folgen einer derart eingeschränkten Sehweise machen wir uns aber selten wirklich Gedanken.

Man kann die gesamte Kunstgeschichte, beginnend bei den Höhlenmalereien, ausschließlich auch aus dem Aspekt des Umganges mit der zweidimensionalen Beschränkung betrachten und erkennt so interessante Zusammenhänge.

Eher spirituell, mythisch gelagerte Gesellschaften neigen zu symbolischer, tendenziell zweidimensionaler Darstellung. Es wird versucht das abzubilden, was hinter der sichtbaren Wirklichkeit existieren könnte und das gelingt besser in stilisierter Form, reduziert auf Vorstellungsfragmente. Eine Darstellung ist also nicht nur eine Frage der Maltechnik, sondern in erster Linie der Sehweise auf die materielle Welt und das, was möglicherweise dahinter existiert als „zweite“ Realität. So war in der Romanik und Gotik eine illusionistische, realistisch wirkende Malerei seit dem antiken Griechenland und dem römischen Reich sehr wohl bekannt, wurde aber bewusst nicht eingesetzt, um eine auf der Bedeutung und den tieferen Hintergrund basierende, mehr symbolische Darstellungsweise nicht zu schwächen.

Interessant ist, dass sich gerade die Moderne Malerei und Plastik zu Anfang des 20. Jahrhunderts fasziniert an archaischen Darstellung indigener Völker orientierte (z.B. Picasso). Die Darstellungen suchen nach einer formalen „Ursubstanz“, wobei zwangsläufig abstrahiert und reduziert wird auf einfachere Grundformen. Allgemein erfolgte in der Modernen Kunst des 20. Jahrhunderts vielfach eine Abwendung von der Illusionsmalerei, was durchaus auch als Reaktion auf einen dogmatischen Materialismus angesehen werden kann, der sich lediglich auf die Untersuchung der greifbaren Oberfläche konzentriert. Der Rückbezug auf Grundelemente aller Realität, der Blick hinter die Oberfläche, ein zutiefst spirituelles Ansinnen, führt unweigerlich zur Beschränkung auf eine gewisse Symbolsprache der Wirklichkeit, womit auch die Dreidimensionalität keine unverzichtbare Realität mehr darstellt. Ähnliche Bestrebungen findet man auch in den modernen Wissenschaften, speziell bei der Quantenphysik, die letztlich den Bereich des sichtbar Materiellen ganz verlässt und alles auf Energie und Schwingung in einem mehrdimensionalen Raum bezieht.

2.7 Illusionen schaffen

Bei der Fotografie kann durch den bewussten Einsatz von Fototechnik und einer gezielten Komposition der Motive im Bildausschnitt der Verlust der dritten Dimension ansatzweise kompensiert werden. Auch 3D-Simulationen versuchen der Wirklichkeit so nahe wie möglich zu kommen. Für die Malerei war es immer schon eine Herausforderung, die dritte Dimension durch Maltechnik wieder ins Bild zurückzuholen: Schattierungen, Farbwahl, Farbübergänge und Modulation, Schärfe und Unschärfe, Zentralperspektive.

Wir erinnern uns an den berühmten „Malerstreit“ im antiken Griechenland. Der Maler Zeuxis malte Trauben so täuschend echt, dass Vögel kamen und sie aufpicken wollten. Sein Konkurrent, Parrhasios, malte einen Vorhang auf seinem Bild so realistisch, dass sogar Zeuxis getäuscht wurde und darum bat, doch endlich den Vorhang zu entfernen und ihm das Bild zu zeigen.

Letztlich erzeugen aber all diese handwerklichen Mittel lediglich die Illusion einer Räumlichkeit, eine optische Täuschung, was in der Geschichte der Malerei durchaus zu erstaunlichen Ergebnissen geführt hat, denkt man nur an die großen Deckengemälde in barocken Kirchen.

Falsch verstanden wird übrigens meist der Foto- oder Hyperrealismus in der Malerei der 1970er Jahre. Diese handwerklich aufwendig gearbeiteten Bilder geben lediglich die zweidimensionale Oberfläche einer Fotovorlage wieder und sind nicht mit realistischen Abbildungen der uns umgebenden, dreidimensionalen Realität zu verwechseln. Sie berufen sich immer nur auf das fototechnische Abbild der Realität. Sie sind eine handwerkliche „Kopie“ von der „Fotokopie“ der wirklichen Realität, also Wirklichkeit aus dritter Hand, berufen sich immer auf die Sichtweise der Fotografie. Das reale Auge sieht anders, erlebt die Wirklichkeit durch die Verarbeitung der optischen Eindrücke im Gehirn individuell, interpretierend. Das direkte Festhalten von gesehener Realität durch eine handwerklich perfekte, abbildende Malerei schafft also niemals Fotorealismus. Hier spricht man von Figurativem Realismus.

Die Moderne Malerei hat unterschiedliche Methoden entwickelt, mit der Beschränkung auf die Zweidimensionalität umzugehen. Matisse zog seine Motive ganz bewusst in die zweidimensionale Fläche, ohne Anleihen an 3D-Effekte. Picasso hat im Kubismus die Zentralperspektive gänzlich aufgegeben. In einer einzigen Darstellung werden mehrere Ansichten eines Objektes gezeigt, was zu unnatürlichen Verzerrungen und Entstellungen führt, eine echte Herausforderung an den Betrachter. In Collagen und Montagen werden schließlich reale, dreidimensionale Objekte dem Bild beigefügt, bei Reliefs wird der Bildinhalt plastisch aus der Fläche herausgearbeitet.

Surrealismus, Realismus und Naturalismus, vor allem aber die OP-ART (z.B. Vasarely [27]) suchen dagegen bewusst die illusionistische Wirkung einer dritten Dimension im Bild möglichst überzeugend durch optische Täuschungen zu realisieren.

art

3.0 Kunstdefinition

Angesichts einer verwirrenden Fülle unterschiedlichster Kunststile, Macharten und sich teilweise widersprechender Kunstbegriffe und Konzepte sei die Frage erlaubt, ob überhaupt objektive Richtlinien existieren, nach denen man gestalterische Arbeiten allgemeingültig und belastbar als Kunst definieren kann, jenseits des individuellen Horizonts und Geschmacks.

Der Kunstbegriff bezogen auf historische Epochen (z.B. Altägyptische Kunst) ist klar definiert und gesichert. Mit der Modernen Kunst hat sich das aber grundlegend verändert. Extrem kurz getaktet folgt Kunststil auf Kunststil, Traditionen werden verworfen, neue geschaffen und wieder in Frage gestellt. Es existieren keine Konstanten mehr in Sachen Auftraggeber, Präsentationsebene, Handel, Lesbarkeit und allgemeingültiger Dekodierung bildhafter Elemente. Wer bestimmt dann, was Kunst ist und was nicht?

Um es gleich unmissverständlich zu sagen: Es sind nicht die Künstler selbst, die letztlich bestimmen, ob etwas als Kunst offiziell Bestand hat oder nicht, ob es Beachtung findet oder nicht, ob es ausgestellt und letztlich auch gehandelt wird! Und es sind auch nicht die Kunstliebhaber, diejenigen, die Kunst genießen und betrachten. Es besteht eine direkte Abhängigkeit vom Markt, gestützt durch eine Heerschar an Fachpersonal: Galeristen, Sammler und Mäzene, Kunsttheoretiker und Kunsthistoriker, Kritiker, Kuratoren und Museumsleiter. Dabei ist es unerlässlich zu wissen, dass es unterschiedliche Markt- und Bedeutungsebenen gibt. Die Frage „Ist das Kunst?“ kann belastbar nur beantwortet werden, wenn man weiß, auf welche Handels- und Bedeutungsebene man sich bezieht, immer in Abhängigkeit von der jeweiligen Zeitepoche. Einige Beurteilungskriterien mögen auf allen Marktebenen gültig sein, wenn auch unterschiedlich in Anspruch und Differenzierung.

Ganz „oben“ steht die international beachtete und gehandelte Kunst, die High-Level-Ebene oder Profiliga, wie sie in diesem Buch vielfach benannt wird, welche durchaus auch eine spezielle, regionale Ausprägung je nach Land und Kontinent haben kann. Kunst ist aber auch, was unterhalb der Profiliga gemacht wird auf einer semiprofessionellen Ebene oder in der Amateurkunst, für die durchaus auch ein tragfähiger Markt existiert. Am „unteren“ Ende der Kunstskala stehen die Freizeit- und Hobbykunst und das traditionelle Kunsthandwerk, direkt an der Schnittstelle zur angewandten Kunst. In der „Freien Kunst“ werden Beurteilungs- und Bewertungskriterien in der Regel an den Arbeiten der professionellen Oberliga gemessen. Unterhalb der Profiliga, im semiprofessionellen und amateurhaften Bereich, gelten im Prinzip ähnliche Orientierungen, wenn auch weniger streng und konsequent angelegt. Betrachtet man einmal nur die künstlerischen Arbeiten an sich, ganz unabhängig von der Marktzugehörigkeit, tritt schnell eine gewisse Nivellierung ein. So können Arbeiten aus dem Amateurlager durchaus mit Arbeiten aus dem Profimarkt konkurrieren, was Machart, Intensität und Aktualität anbelangt, erreichen dennoch praktisch nie deren Bedeutung. Diesem Problembereich ist in diesem Buch ein ausführliches Kapitel gewidmet. In der gängigen Literatur über Kunst erfolgt eine ausschließliche Fokussierung auf die Profiliga der Kunst, kunstgeschichtlich eingeordnet und definiert. Die Machwerke der Amateurliga werden als weitgehend unbedeutender Fallout angesehen und in die Ecke Freizeit und Hobby abgeschoben, ganz zu Unrecht! Für den Autor ist es unerlässlich, sich einmal ernsthaft mit diesem Phänomen wertschätzend auseinander zu setzen.

Der aktuelle Kunstbegriff verweist zentral auf Markttauglichkeit konzentriert auf die High-Level-Ebene. Dort werden die Maßstäbe kreiert, Vergleichspositionen erarbeitet und fixiert, Bewertungskriterien festgelegt. Dies ist aber immer nur im Gesamtzusammenhang aller Bereiche, Werk, Produktion, Bewertung, Marktebene und Erfolg zu sehen. Löst man das Werk an sich aus dem Zusammenhang heraus, relativieren sich vielfach die Maßstäbe für dessen Beurteilung und Einordnung.

Da der unvoreingenommene Kunstinteressent selten über Einblicke in die Entscheidungskriterien verfügt, um Kunst entsprechend bewerten und zuordnen zu können, richtet er sich meist nach seiner individuellen Kunstauffassung und seinen Seherfahrungen. Diese sind vielfach an der Stelle verankert, an der er aufgehört hat, sich für das sich ständig erweiternde, immer wieder neue Spektrum an Kunst zu interessieren, mitzugehen, die „Sprache“ der Kunst, jeden neuen „Dialekt“, jeden Stil, zu „erlernen“ und sich eventuell damit zu identifizieren. Auf diese Weise stabilisiert sich im Individuum ein bestimmter „Kunstgeschmack“, eine Vorliebe für Darstellungstechniken und Motive, die persönliche Weiterentwicklung stagniert auf unterschiedlichem Niveau. Prinzipiell gibt es daran nichts zu meckern, wenn man sich nur nicht aufschwingt, über seinen eigenen Horizont hinaus ein gültiges Urteil abgeben zu wollen über andere, die eigene Begrenztheit nicht einschätzen kann.

Von professionellem Fachpersonal im Kunstbetrieb erwarten wir aber durchaus, dass sie sich der Entscheidungs- und Beurteilungskriterien auf den unterschiedlichen Ebenen bewusst sind und verantwortlich damit umzugehen vermögen.

Zeitbezug 3.2

Eine jegliche Kunstdefinition muss immer zeit- und epochenbezogen sein und die jeweilige Handelsebene berücksichtigen. Jegliche Kunstbeschreibung, Bewertung und Definition beginnt immer mit der Frage: *In welcher Zeit und in welchem Kontext ist das Werk entstanden?* Für den Künstler ist es wichtig zu wissen, welche Zielgruppe er anspricht und auf welcher „Handelsebene“ er einsteigen will, beachtet und gehandelt werden will.

Der gefragte und berühmte venezianische Künstler des 18. Jahrhunderts, Tiepolo, gab am Ende seiner Laufbahn an seine jungen Künstlerkollegen den Rat, sie sollen sich an die Bedürfnisse der Käuferschicht halten, damals der

Adel oder der reiche Klerus. Nur so könne man einen Bekanntheitsgrad erreichen und entsprechende Preise erzielen. Mit der Modernen Kunst hat sich das nur scheinbar geändert. Adel und Klerus spielen zwar keine Rolle mehr, dafür aber der einflussreiche Sammler, der Mäzen, internationale Events, Preise und Auktionen.

Aber ohne jegliche Matrix, ohne ein Mindestmaß an Übereinkunft bleiben alle Aussagen über Moderne Kunst schwammig, gefangen in persönlichen Meinungen und Erfahrungen, ferngesteuert von Marktinteressen, unfruchtbar und hinderlich, wenn man konstruktiv über Zustand und Zukunft der Kunst nachdenken will. Eine allgemeingültige und von allen akzeptierte, umfassende Definition von Kunst ist sicherlich nicht möglich, wohl aber eine Übereinkunft über einige Bausteine, auf denen man dann genauere Definitionen aufbauen kann.

Die folgenden Ausführungen beziehen sich ausschließlich auf den Bereich der Bildenden Kunst im Verlauf der Moderne und stellen nicht mehr als ein Denkgerüst dar, an dem ein jeder aufgefordert ist, weiterzubauen. Alle Angaben sind aber weitgehend auf den professionellen Kunstbetrieb bezogen, den High-Level-Markt. Dort zeigen sich entsprechend die Maßstäbe und Kriterien, dort wird gemessen, vereinbart und festgelegt. Auf den darunterliegenden Markt- und Bedeutungsebenen (Semiprofis, Amateure) gelten im Prinzip weitgehend dieselben Richtlinien, jedoch mit einer höheren Toleranz angewendet.

3.3 Kunst und Können

Das Wort „Kunst“ wird gerne vom Wortstamm „Können“ abgeleitet, „kunnan“ (9. Jahrhundert), mit der Bedeutung „allgemeines Kennen oder Wissen“. So

spielte viele Jahrhunderte lang das handwerkliche Können in der Kunst eine entscheidende Rolle. Der Künstler musste sich auch an verpflichtende Traditionen anpassen können, an weltanschauliche Anbindung und Beförderung durch kirchliche oder gesellschaftspolitische Kreise. In der Modernen Kunst spielt das vielfach keine entscheidende Rolle mehr. Ganz verschwunden ist der Begriff des „Könnens" aber nicht aus der aktuellen Kunstszene. Einige Kunstrichtungen verlangen immer noch nach einer differenzierten Handwerklichkeit. Auch der fachgerechte Einsatz von Farbe muss immer noch beherrscht werden und in der Bildhauerei ist der materialgerechte Umgang mit Stein, Stahl, Holz oder Kunststoff unerlässlich. Im Zuge der Befreiung von Traditionen, Experimenten und Neuerfindungen in der Bildenden Kunst ist der Begriff des „Könnens" aber kein entscheidendes Kriterium mehr zur Bestimmung von Qualität und Wertigkeit. Auf was bezieht sich dann heute der Kunstbegriff, wovon wird er abgeleitet?
Gehen wir von der Adjektivform des Substantivs „Kunst" aus, also „künstlich", erweitert sich der Bedeutungsrahmen, indem man die komplementäre Bedeutung „natürlich" oder als Substantiv „Natur" mit heranzieht. Natur/natürlich (nature/naturally) und dem gegenüber: Kunst/künstlich (art/artificial).

Kunst und Natur 3.4

Kunst ist im weitesten Sinne ein „künstlicher" Gestaltungsvorgang, ein aktiver, revolutionärer, nicht evolutionärer Eingriff in die Natürlichkeit der Dinge, Form und Inhalte verändernd, ein Eingriff, den die Natur als Initiator so nicht vornehmen würde, ein Gegenkonzept zum Natürlichen, zum Gewachsenen. Die Evolution als beständiger Veränderungs- und Anpassungsfaktor der Natur bringt niemals Kunst hervor, immer nur wieder Natur, ist immer an natürliche Vorgänge gebunden ohne eine bewusste Distanz zum Geschehen durch Individuen, die zeitnah und nachhaltig verändernd eingreifen. Dahinter steht, zumindest nach der allgemein gültigen, wissenschaftlichen Auffassung, niemals ein schöpferisches Individuum mit eigenem Entscheidungspotential (Instinktgesteuert). Greifen nun Menschen verändernd in natürliche Prozesse ein, hat das Folgen. Es bewirkt eine zweite Realität in der Natur. Die so entstehende „Kultur" muss aber beständig „gewartet" werden, weiterentwickelt, sonst verwächst sich alles wieder in natürlichen Regenerationsprozessen. Die Pflege von Kultur ist dem Menschen vorbehalten. Nur ein Wesen, das sich seiner selbst und seiner Umwelt bewusst ist und eine Trennung zwischen sich und der Natur vornehmen kann, ist in der Lage, künstliche Veränderungen bewusst und reflektierend vorzunehmen, als Schöpfer aktiv einzugreifen, aus der Abhängigkeit natürlicher Prozesse herauszutreten. Kein Tier, auch nicht *die malenden Affen eines Arnulf Rainer (österreichischer Künstler)* [31], sind in der Lage, sich von ihrer von Instinkten dominierten Existenz zu distanzieren. Kunst zu machen ist ausschließlich dem Menschen ermöglicht, selbst wenn er dabei manchmal auch unbewusst zu Werke gehen sollte.

In diesem Sinne ist ein jegliches bewusstes Tun und Handeln des Menschen Gestaltung an und neben natürlichen Prozessen. Der Mensch ist im Prinzip immer „künstlerisch-kreativ", da er in hohem Maße selbstbestimmt ist. Durch seinen Intellekt, seinen reflektierenden Verstand kann der Mensch aktiv mit einem freien Willen gestaltend in natürliche Prozesse verändernd eingreifen.

Ist nach dieser Definition dann nicht alles Kunst, was Menschen schaffen? Im Prinzip – ja, sogar wenn es destruktiv ist.

Als „Kunst“ bezeichnen wir aus unserem heutigen Verständnis heraus aber nur die Manifestationen, die nicht in erster Linie auf einen unmittelbaren, praktischen Nutzen und alltägliche Lebensabläufe abzielen. Oft entstehen sie zur ästhetischen Erbauung, Abbildung oder zur Versinnbildlichung und Verinnerlichung übersinnlicher, meist religiöser, philosophischer, aber auch naturwissenschaftlicher und politischer Inhalte. Kunst ist das Ergebnis eines Blickes in die Welt der Intuition und Imagination, eine rein geistige Schau hinter die Oberfläche der Dinglichkeit, oft auch Interpretation und gefilterte Darstellung der äußeren Wirklichkeit, was schließlich in materialisierter Form z.B. eines Bildes, einer Figur, eines Textes oder einer musikalischen Komposition zu Tage tritt. Schon frühe Höhlenzeichnungen zeigen diese Tendenz.

Der Philosoph Carl Friedrich von Weizäcker definiert Kunst folgendermaßen: *„“Kunst, so würde ich sagen, ist beseeligende Wahrnehmung von Gestalt durch die Schaffung von Gestalt.“* [28]. Weizäcker setzt damit das Vorhandensein einer „Seele“ mit einer spezifischen Wahrnehmung voraus und die Fähigkeit unmittelbar schöpferisch verändernd einzugreifen. Die Seele wäre dann die „erwachte“ Psyche des Menschen, die neue Form und Gestalt kreiert mit einem erweiterten Blick aus der Distanz auf Zustände und Entwicklungen.

3.5 Definitions-Matrix (Arbeitsmodell)

1. Kunst ist immer eine Erscheinung der menschlichen Kultur, kein organisch gewachsener Teil der Natur. Nur der Mensch kann gestaltend künstlerische Prozesse einleiten.
2. Kunst manifestiert sich als eine zweite, künstlich-künstlerische Realitätsebene neben der Natur. Sie erschafft Bilder, Symbole und Metaphern sowohl von der äußeren, als auch der inneren, psychisch-geistigen Welt des Menschen.
3. Die Aktualität eines Kunstwerkes steht immer in direkter Abhängigkeit zu sozio-kulturellen Bedingungen einer bestimmten Zeitepoche, einer bestimmten Zielgruppe in Abhängigkeit vom individuellen Vermögen und der Freiheit des Künstlers. Das Kunstwerk weist den Künstler als alleinigen, authentischen Schöpfer aus.
4. Die Qualität eines Kunstwerkes wird, je nach Epoche, meist von den Auftraggebern bemessen (Nachfrage), oder parallel dazu, von ausgebildetem, erfahrenen Fachpersonal an Kennern, Historikern und Sammlern. Dabei ist ein markantes Alleinstellungsmerkmal von entscheidender Bedeutung.
5. Aktuell ist die Bezeichnung „freie Kunst" mehrstufig besetzt, wenn auch meistens Werke gemeint sind, die der „Hochkultur" (High-Level-Markt) zugerechnet werden können, dem sogenannten Profimarkt. Kunst ist, was dort Anerkennung erfährt, was sich verkauft und gesammelt wird! Unter dem Begriff „Kunst" laufen aber im üblichen Sprachgebrauch

auch Arbeiten aus der Amateur- und Laienkunstszene, in ihrer Wertigkeit und Bedeutung deutlich untergeordnet, dem Kunsthandwerk nahe stehend. Sämtliche Arbeiten aus dem Design werden nicht zur Szene der freien Kunst gezählt, ebenso Dekoration, Illustration und das klassische, traditionelle Kunsthandwerk (angewandte Kunst).

6. Letztlich entscheidet aber allein der Marktwert, gesteuert von einer einflussreichen Elite an „ausgebildetem“ Fachpersonal, Sammler, Kuratoren, Galeristen und Kunsthistoriker, über die Bedeutung eines Kunstwerkes in kunstgeschichtlichem und markttechnischem Zusammenhang. Der Markt macht die Kunst!

Ausreden, Sprüche, Wahrheiten 3.6

Fragen wir einmal die Produzenten, die Künstler selbst nach einer Definition von Kunst und lassen wir auch ihre Werke sprechen:
Der amerikanische Künstler, *Bruce Naumann*, sagte dazu: „Wenn ich in meinem Atelier bin, ist alles, was ich dort tue, Kunst“, und, „in der Kunst kann niemand überprüfen, ob du als Künstler richtig oder falsch liegst!“ *Marcel Duchamp* erschuf in den 1920er Jahren allein dadurch Kunstwerke, dass er Alltagsgegenstände unbearbeitet zu Kunst erklärte, signierte und sie in eine Ausstellung verfrachtete (Ready mades). Für *Joseph Beuys* ist jeder Mensch ein Künstler und er postuliert auch Kunst = Kapital! *Friedensreich Hundertwasser* sagt: „Kunst muss wertvoll sein und Werte aufbauen und nicht Werte zerstören. *Salvador Dali* bekennt sich zu der Außenseiterrolle von Kunst: *„In der Kunst ist es anders als beim Fußballspiel. In Abseitsstellung erzielt man die*

meisten Treffer." Der Schriftsteller *Oscar Wilde* behauptet: *„In Wahrheit spiegelt die Kunst den Betrachter und nicht das Leben"*, und der Philosoph *Adorno* bemerkt: „Aufgabe von Kunst ist es heute, Chaos in die Ordnung zu bringen." Die Aussagen tragen offensichtlich auch nicht dazu bei, zu klären, ob es Regeln, verbindliche Richtlinien und allgemeingültige Maßstäbe gibt, um Kunst von Nichtkunst zu unterscheiden und eine aktuelle Wertigkeit festzulegen. Alles scheint radikal individualisiert.

Aber es gibt doch offensichtlich „Sachverständige", Kenner, Befugte, Studierte, Ausgebildete, die beurteilen und verurteilen, die „den Daumen senken oder heben", die Künstlerkarrieren machen oder verhindern, und damit nicht nur die Kunstgeschichte um weitere Werke und Persönlichkeiten bereichern, sondern auch und damit vor allem den Kunstmarkt füttern.

Wer hat sie autorisiert und wer schreibt Kunstgeschichte, wer katalogisiert und definiert? Ist es ein offenes System, wie Wikipedia, in dem im Prinzip jeder mitmischen kann oder gibt es Hierarchien, Eliten, mächtige Seilschaften? Existieren Zugangsberechtigungen, „Passwörter", ohne die sich die Türen des „Safes" Kunst nicht öffnen? Und welche Rolle spielen dabei eigentlich die Künstler selbst?

3.7 Die Revolution im Atelier

Der Impressionismus und der Expressionismus erschütterten schon Ende des 19. Jahrhunderts die renommierten Kreise der Kunstsachverständigen, Galeristen, Kuratoren, Kunsthistoriker und Museumsleiter, aus heutiger Perspektive kaum nachvollziehbar. Überlieferte Regeln begannen sich aufzulösen,

Konfrontation, Provokation, Spaltung. Eine neue Spezies erobert die Schaltstellen der Macht und entscheidet, was eventuell in die High-Level-Ebene der Kunst aufsteigen wird: Potente Sammler, einflussreiche Liebhaber, Mäzene, mutige Galeristen. Seit die Dadaisten Anfang des 20. Jahrhunderts alle bestehenden Werte und Traditionen in der Kunst radikal über Bord geworfen hatten (Anti-Kunst), ist der Kunstbegriff nicht mehr wirklich fassbar, ständigen Schwankungen unterworfen, eine objektive Beurteilung kaum mehr möglich. Dennoch gibt es offensichtlich Verbindlichkeiten.

Ein Experiment 3.8

Zugegeben, gemacht wurde dieses Experiment so wohl noch nie. Dennoch kann man ähnliche Vorgänge immer wieder beobachten, wo Kuratoren, Kunsthistoriker und andere Kunst-Sachverständige sich anschicken, für eine Ausstellung, einen Wettbewerb oder die Aufnahme in einen Kunstverein oder eine Akademie, Künstler auszuwählen, indem sie eingereichte Werke begutachten, für würdig befinden oder auch nicht.

Man konfrontiere einmal zwanzig sogenannte Kunstsachverständige mit Kunstwerken unbekannter Künstler, die nach dem Zufallsprinzip ausgewählt worden sind und lässt einen jeden eine verbindliche Bewertung für jedes einzelne Werk abgeben ohne sich mit den anderen abzusprechen. Biografische Informationen stehen nicht zur Verfügung. Was glauben Sie, kommt dabei heraus?

Erstaunlicherweise wird sich im Ergebnis eine weitgehende Einigkeit zeigen! Auftretende Differenzen werden als persönliche Prägungen, Vorlieben und Abneigungen eingeordnet, gefährden aber das Allgemeinbild nicht wesentlich. Das lässt also ein Regelwerk vermuten, einen Katalog an Maßstäben und Richtlinien, offensichtlich auch objektiv greifbar, woher sonst diese Einigkeit?

In dieser Versuchsanordnung kommt es nur auf das an, was mit der künstlerischen Arbeit direkt und objektgebunden vermittelt wird. Im Prinzip liegt der Fokus auf unmittelbar ablesbaren Merkmalen wie Komposition, Materialverwendung, Stimmigkeit, Intensität und Aussagekraft. Und hier scheinen Verbindlichkeiten zu existieren, wenn es um eine qualitative Einstufung geht.

3.9 Von nichts kommt nichts

Ohne Kenntnisse und Erfahrungen, ohne sich um Kunst ernsthaft gekümmert zu haben, viel Kunst gesehen zu haben, sind belastbare Bewertungen offensichtlich nicht wirklich möglich. Unsere zwanzig Begutachter aus dem Experiment können diesbezüglich auf einen umfangreichen Erfahrungsfundus zurückgreifen.

Gerade die Moderne Kunst ist kein Selbstläufer, will erarbeitet werden, will in ihren Absichten und Konzepten erkannt werden. Belastbare Urteile über Kunstwerke bauen also immer auf ein möglichst breites Vergleichsspektrum auf. Ein Kunstwerk kann aber nicht mehr allein über die optische Erscheinung erfasst werden. Dies ist nur ein Faktor und nur dieser kam bei dem fiktiven Experiment zum Tragen.

Kunstwerke Zeitgenössischer Kunst verfügen über individuelle Konzepte, Philosophien, über teils komplexe Theorien, ungewohnte Inhalte, nicht sofort erkennbar das Ziel, Sinn und Zweck. In einem Studium der Kunstgeschichte wird eine Fülle an bewährten Bezügen vermittelt. Durch ihr Studium verfügen Kunsthistoriker über viele Vergleichserfahrungen mit Hunderten von Künstlern und Kunstwerken. In diesem Zusammenhang bildet sich auch eine „intuitive“ Wahrnehmung von Kompositionsregeln heraus, ein Gespür für die Intensität einer Arbeit und die Originalität von Konzept und Umsetzung.

Über Ästhetik und Komposition ist der direkte Zugang zur Kunst heute oft nicht mehr möglich, auch nicht über solide Handwerklichkeit oder traditionelle Themenbereiche. Kunst zeigt sich im 20. Jahrhundert immer mehr als radikaler Ausdruck der Individualität, befreit von Traditionen: Gewagte Experimente, sinnbildhafte Utopien, Provokationen. Erst wenn hier ein gewisser Erfahrungshorizont vorliegt, können die unterschiedlichsten Erscheinungsformen von Kunst zumindest ansatzweise eingeordnet und beurteilt werden.

Bis hinein ins 19. Jahrhundert waren Kunstwerke im Prinzip noch vergleichbar, handwerklich, inhaltlich, stilistisch. Es gab sehr wohl auch bessere und schlechtere Künstler, einfallsreiche und einfältige, aber der Rahmen war relativ klein, die Vergleichbarkeit im Prinzip immer gewährleistet, das Grundverständnis über Machart, Ziel und Zweck weitgehend vorhanden. „Ausreißer“ wurden aussortiert, abqualifiziert, als „gestört“ eliminiert oder, wie in faschistischen Systemen, als entartet gebrandmarkt und weggesperrt. Bilder wurden in Ausstellungen mit Tomaten beworfen, verunglimpft, verboten, zerstört. Derart radikale Reaktionen gibt es heute praktisch nicht mehr. Die Gesellschaft ist eingeübt, mit Sonderbarem, Provozierendem und Gegenläufigem umzugehen.

Moralisch-ethische Positionen sind aufgeweicht, neue, politisch gesellschaftliche Systeme im Prinzip keine unüberwindbaren Feindbilder mehr. Kunstwerke, und seien sie noch so skurril und provokant, stellen keine wirkliche Gefahr für den Volksgeschmack, für verbindende Werte und Strukturen mehr dar. *Gibt es eigentlich noch etwas zu verteidigen? Das Schöne und Gute, Traditionen, Ordnung und Regeln? Wen gilt es zu schützen? Den guten Volksgeschmack, den anständigen Menschen, Moral, Ethik oder unsere freiheitliche Demokratie? Was gilt es eigentlich zu verhindern? Die endgültige Verblödung des Publikums, den völligen Zerfall jeglicher Ästhetik, die Verrohung unserer Kultur?*

3.10 Dekodierung

Letztendlich ist aber alles auch eine Frage der Fähigkeit, die höchst individuelle „Bildsprache" der Künstler dekodieren zu können. Die Moderne Kunst des 20. Jahrhunderts bildet dafür einen eigenen Entschlüsselungskodex aus. Fachleute bemühen sich, verbindliche Strukturen und Formulierungen zu finden, verständigen sich in einer eigenen Fachsprache, deren Vokabular für den Laien nur schwer verständlich ist. Letztlich führt dies unweigerlich zu einer Elitenbildung. Eine Clique von „Eingeweihten" bildet sich heraus, die Verständigungsebene, der Kontakt zum „Laien", dem „einfachen" Kunstkonsumenten, droht verloren zu gehen. Dadurch wird Kunstvermittlung gegenüber dem „unbeschulten" Kunstinteressenten immer schwieriger, die Distanz immer größer und damit auch der Abstand zur Kunst selbst.

Dennoch ist das Interesse an Zeitgenössischer Kunst so groß wie nie. Tausende treffen sich regelmäßig auf den verschiedenen Großveranstaltungen (ART-Basel, Dokumenta Kassel, Biennale Venedig....) um sich zu orientieren, zu staunen und sich zu amüsieren. Große Blockbusterausstellungen von Meistern der Klassischen Moderne verzeichnen Publikumsrekorde und noch nie wurde so viel Kunst zu so hohen Preisen gehandelt. Kunst ist schlicht weg „IN"! Besonders Zeitgenössische Kunst gehört zu einem modernen, aufgeklärten Lebensstil: Zukunftsorientiert, fortschrittsgläubig, risikobereit und ungewöhnlich, humorvoll, tolerant. Aus der ungeheuren Vielfalt des Kunstmarktes wird nach Lust, Laune und Geldbeutel ausgesucht und gekauft was das Zeug hält.

Bildung und Einbildung 3.11

Kunsthistoriker, Kunsttheoretiker und Kunstpädagogen haben sich in ihrem Studium mit den unterschiedlichsten Kunststilen intensiv beschäftigt. Sie kennen ein breites Spektrum an Darstellungsweisen, Interpretationen und Konzepten. Nur so ist es möglich, Kunst als einen, über den individuellen Geschmack und Kenntnishorizont hinausragenden Begriff zu erkennen, der im gesellschaftlichen Kontext einen gewissen Allgemeingültigkeitsanspruch erlangt und damit verbundene Wertungen schafft. Je mehr Seherfahrungen, je mehr Vergleiche, umso belastbarer ist ein Urteil.

Dieses Lernen führt aber lediglich zu einem theoretischen Wissen über Kunst. Kunstwerke werden dort immer nur von außen betrachtet, eingebunden in einen bestimmten Zeitgeist. Es erfolgt keine eigene Erfahrung mit dem Herstellungsprozess von Kunstwerken. Alles bleibt Theorie. Kunsthistoriker sind in Wirklichkeit meist künstlerisch-handwerklich unerfahren, haben selbst keine künstlerischen Prozesse erlebt und durchgemacht. Das Studium der Kunstgeschichte vermittelt weitgehend bestehende Festlegungen, unverrückbare Wertigkeiten, eine starr definierte Matrix an Stilen, Künstlern und Werken. Eine individuell abweichende Meinung, möglicherweise auch kritisch ablehnend, ist zwar im Prinzip möglich, aber nicht produktiv, würde doch das gesamte System ins Wanken geraten. Dennoch relativiert diese Tatsache Berechtigung und Aussagekraft von Beurteilungen durch theoretisch ausgebildetes Fachpersonal nicht völlig. Um mit Bernhard Shaw zu sprechen: *„Um ein Omelett zu beurteilen, muss man nicht Eier legen können!* [3].

Bildung und Einbildung liegen nahe beieinander, gerade in einem so wenig objektiv greifbaren Metier wie der Kunst. Eine rechtschaffene Selbsteinschätzung, umfassende Seherfahrungen, Kontakte zu Künstlern, Kuratoren, Kunstkritikern und Sammlern sind die Bausteine, auf denen sich einigermaßen fundierte Bewertungen im Bereich der Bildenden Kunst vornehmen lassen.

Der folgende Kriterienkatalog ist lediglich eine Richtschnur, an der man sich vorsichtig vorantasten kann. Es ist aber doch etwas verwunderlich, dass sich die aufgeführten Punkte allesamt inhaltlich auf eine Zeit vor dem Einsetzen der Modernen Kunst beziehen lassen, strukturell sehr traditionell gelagert sind, obwohl sich die künstlerische Praxis vehement weiterentwickelt hat. Könnte es sein, dass wir auch heute noch Kunst mit alten, historischen Werkzeugen beurteilen, die zeitgenössische Kunst längst nicht mehr greifen kann und wenn, dann wieder alles hineinzupressen versuchen in reaktionäre Muster?

Künstler – Bewertungspyramide 3.12

(offenes Modell zum Weiterbauen)

1. Vergleich mit stilistisch, handwerklich und inhaltlich ähnlichen Konzepten und Kunstwerken auf dem Markt in der aktuellen Zeitepoche.
2. Werdegang und Ausbildung (Akademie), Erfahrungshorizont in der aktuellen Kunstszene
3. Wie prägnant drückt sich der aktuelle Zeitgeist im Werk aus? Eingebettet in bestehende Stile und Ausdrucksarten?
4. Eigene Handschrift (formal und konzeptuell)? Originalität in Idee und Umsetzung? Alleinstellungsmerkmal?
5. Ausstellungen, Auszeichnungen, Empfehlungen, Sponsoring (Sammler, Galeristen)
6. Glaubhaftes, prozesshaftes Arbeiten über längere Zeiträume mit Ausbaupotenzial?
7. Aufnahmefähigkeit, Bereitschaft und Sättigungsgrad des Kunstmarktes, Zielgruppe und Handelsebene.

Doch man darf nicht vergessen, dass gerade die zeitgenössische Kunst für so manche Überraschung gut ist und all die Regeln und Überlegungen, die in diesem Text angeführt wurden, mit einem kühnen Handstreich vom Tisch gewischt werden können. Es gibt sie, die Senkrechtstarter, die Genies und Überflieger, die Nobodys und Outlaws, aber auch die Hochstapler und Betrüger,

Spekulanten, Mitläufer und Opportunisten, denn das Geschäft lebt nicht in erster Linie von Idealen, ehrlicher Arbeit und objektiven Bewertungen, mehr schon von dem Bestreben nach Einfluss, Macht und Geld.

Der interessierte Kunstliebhaber sollte sich davon aber nicht abschrecken lassen, denn das macht die Szene so spannend, überraschend, innovativ und im positiven Sinne „verrückt“.

3.13 Sammler und Mäzene

Es sind aber in erster Linie derzeit nicht die studierten, gebildeten Kunstsachverständigen, die am Bewertungsprozess von Kunstwerken beteiligt sind.

Eine weitere Gruppe von Menschen ist an dieser Stelle zu nennen, die maßgeblich Kunstwerken Wertigkeiten zuweisen, die Sammler, Mäzene und geldschwere Megagalerien. Am Ende der Skala stehen dann die Auktionshäuser, die mit Millionenverkäufen Wertigkeiten zementieren.

Sammler, auch wenn sie oft kein fundiertes Studium vorzuweisen haben, selbst keine künstlerisch-handwerkliche Erfahrung haben, sind meist orientiert und erfahren im zeitgenössischen Kunstgeschehen. Schließlich bleibt aber die endgültige Entscheidung für dieses oder jenes Werk oft Geschmacksache und Vorliebe. Oft dominiert aber auch rein merkantiles Interesse in Sachen Geldanlage und Gewinnsteigerung. In der Regel sind es im Vorfeld einer Kaufentscheidung findige, einflussreiche Galeristen, die neue Talente aufspüren und anbieten, ein hoch spekulatives Geschehen, das aber beträchtliche Gewinne verspricht. So lassen sich Künstler gezielt am Markt erfolgreich platzieren, wobei eine maximale Vernetzung mit potenten Sammlern im Zentrum steht. Gerade der Sammler, der einen bedeutenden Kunstfundus vorzuweisen hat, bestimmt mit seiner Kaufentscheidung oft den Werdegang eines Künstlers maßgeblich. Kunsthistoriker oder Kuratoren sind dann aufgefordert, den Aufstieg dieses Künstlers stützend theoretisch zu begleiten, zu rechtfertigen, Ausstellungen werbewirksam zu organisieren und den Weg in den Kunstmarkt zu ebnen und zu stabilisieren. Auktionshäuser wittern Gewinne, Kunstmessen und Galerien erwarten den Ansturm des großen Publikums. Funktionieren kann das aber nur, wenn auch der jeweilige Künstler/in über ein konsequentes, prozesshaftes Arbeiten Qualität und Quantität halten und ausbauen kann.

art

4.0 Kunstkritik

Die Kunst des 20. und 21. Jahrhunderts ist zu einem gewaltigen Spektakel aufgelaufen. Lässt dieser Hype überhaupt ein kritisches Nachdenken zu, ein Hinterfragen, ein Infragestellen? Erscheint nicht gerade vieles, was die aktuelle, zeitgenössische Kunst im Fahrwasser der klassischen Moderne hervorbringt, manchmal ziemlich trivial, wenig genial und einzigartig, eine Endlosschleife permanenter Wiederholungen bekannter Kunststile und Verfahren? Betreiben wir da nicht längst einen oberflächlichen Kultur-Voyeurismus. Kunst ist Rummelplatz von Showeffekten, Provokationen und Irritationen. Geht aktuelle Kunst überhaupt noch ohne politische Statements, ohne moralischen Zeigefinger und Anklage, oftmals ziemlich seicht als Sozialkitsch mit pseudokritischem Anstrich?

Inwieweit darf man das, was offiziell als Kunst anerkannt und gefeiert wird, überhaupt kritisieren oder gar ablehnen? Katapultiert man sich damit nicht

schnell in die Ecke der Kunstbanausen, der allzeit Gestrigen, derjenigen, die nicht begreifen, nicht verstehen und sich dem Fortschritt verweigern?
Zitat: *„Die seismografische Funktion von Kunst liegt nicht in der Vorahnung von konkreten Ereignissen; sie spürt die kommende Krise in der Unwahrheit der realen Gegenwart. Die Moderne Kunst hat in diesem kritischen Sinne ihren Höhepunkt wohl schon vor 1914 überschritten. Seitdem ist Gesellschaftskritik gesellschaftsfähig geworden, und die Kunst hat, um zu überleben, an diesem Kompromiss, also an der Zweideutigkeit der Realität, teilgenommen. Aber auf mich, die ich die Esoterik heutiger Künstler, die es gewiss gibt, nicht kenne, wirkt das meiste der heutigen Kunst als der getreue Spiegel einer ratlosen Welt“* [18]. Wie soll sich der unbefangene Kunstinteressent in diesem Spannungsfeld verhalten?
Folgende Reaktionsmuster kann man beobachten:

- Der „gebildete“ „Experte“: Argumentiert oft in abgehobener Fachsprache, verteidigt, rechtfertig.
- Der „eingebildete“ Experte: Ist begeistert, belehrend, arrogant, kritikscheu und weiß alles besser.
- Der schlaue Betrachter: Bleibt unverbindlich mit Floskeln wie „interessant“, „spannend“, „bemerkenswert“ oder nickt vielsagend.
- Der Ängstliche: Äußert keine Meinung, hört zu, lässt sich willig beraten.
- Der Mutige: Geht in Opposition, diskutiert, argumentiert nachhaltig.
- Der Empörte: Verurteilt vorschnell, beharrt auf seiner Meinung, wendet sich schließlich ab.

4.1 Eine kleine Liste an Provokationen

Um nachvollziehen zu können, woher die Widerstände und teils heftige Kritik beim Betrachter kommen, werden hier einmal einige der plakativsten und provokativsten Ereignisse und Aktionen der letzten 100 Jahre Moderne Kunst angeführt. Der Kunstkenner wird keine Mühe haben, dem noch eine Fülle an Beispielen hinzuzufügen.

Kasimir Malewitsch malt ein „weißes Quadrat auf weißem Grund“ (1918). Marcel Duchamp stellt ein handelsübliches Pissoir ins Museum und erklärt es damit zu Kunst („Fountain, 1917). Kurt Schwitters sammelt auf den Straßen von Hannover Abfall aller Art, fertigt Collagen, Raumskulpturen (Merz Bilder/Bau, 1923). Jackson Pollock spritzt Farbe in heftigen Gesten auf die Leinwand (Dripping, 1948). Arnulf Rainer bearbeitet Fotos aktionistisch mit Farbe in heftigen Kratz- und Schlagspuren (Rüssel, 1971). Joseph Beuys schmiert Fett in Raumecken (Fettecke, 1963). Marina Abramovitsch schaut 75 Tage lang wechselnden Menschen einfach nur lange in die Augen, sieben Stunden am Tag ("The Artist is present" - Moma-New York, 2010). Der chinesische Künstler Ai Weiwei befestigt hunderte von orangefarbigen Schwimmwesten von Flüchtlingen an den historischen Säulen eines Konzerthauses in Berlin (2016). Hermann Nitsch schlachtet tote Rinderleiber über nackten Frauenkörpern aus und schüttet in einem „künstlerischen Akt“ Blut und rote Farbe auf Leinwände/Schüttbilder (Wiener Aktionismus, ab 1970). Piero Manzoni packt seinen eigenen Kot in Konservendosen und bietet ihn zum Verkauf. Jeff Koons produziert grellbunte Kitschobjekte in monströser Dimension, aufwendig, teuer, plakativ („Balloon dog, 1994-2000). Ein französisches Künstlerkollektiv programmiert eine Künstliche Intelligenz (KI), die selbstständig Bildwerke erschafft (2018, für 432.500 US-Dollar bei Christies versteigert). Banksy schreddert eines seiner Bilder bei einer Auktion vor laufender Kamera (Girl with red ballon / Love is in the Bin", 2018) und steigert dadurch den Marktwert für den Besitzer erheblich . . usw.

Alles Fake 4.2

Aber wohin mit dem weit verbreiteten Unwohlsein, einem inneren Widerstand und Unverständnis so manchem gegenüber, was die Moderne Kunst hervorgebracht hat und beständig hervorbringt? Alles ist möglich, alles ist irgendwie gültig. Nachvollziehbare Auswahlkriterien scheinen nicht zu existieren. Das Unbehagen wächst, weniger unter dem „Fachpersonal", den Kunstkritikern, Theoretikern und Kunstgeschichtlern. Die Schere zwischen Konsument und Künstler, zwischen offizieller Kunsttheorie und einer allgemeinen Akzeptanz wird immer größer. Hat sich nicht längst eine elitäre Kunstclique gebildet, die in einem fatalen Wettlauf um Marktanteile dabei ist, die Ideale der Kunst zu opfern? Hat die Kunst überhaupt noch gemeinsame Ideale, einen Wertekanon, eine Zielrichtung? Wird Kunst nicht längst als Aktie gehandelt, als Geldanlage, Prestigeobjekt oder ist zu einem Teil eines sensationslüsternen Showgeschäfts mutiert? Wiederholt die Zeitgenössische Kunst nicht in immer neuen Variationen nur das, was das 20. Jahrhundert an Kunstformen hervorgebracht hat in einer sich selbst befriedigenden Endlosschleife und steckt hier nicht schnödes Marktinteresse dahinter, ein Rummelplatz für Möchtegern-Aufklärer,

Pseudophilosophen und Weltverbesserer, eine Spielwiese für exzentrische Sonderlinge, intellektuelle Hochstapler, handwerkliche Dilettanten und Scharlatane? Schließlich gewährt die künstlerische Freiheit als Grundfeste unserer Demokratie fast unbegrenzte Möglichkeiten der Äußerung. Kompetenzen werden nicht abgefragt, Individualisten vorbehaltlos gefeiert, Provokation bis an die Schmerzgrenze toleriert.

4.3 Perlen vor die „Säue"

Oder liegt das Problem gar an der Unreife des Betrachters? Sind wir alle etwa blockiert und heillos in Traditionen verstrickt, dass wir nicht in helle Begeisterung ausbrechen können über alles, was da gemacht wird? Haben wir gar alle intellektuell den Anschluss verloren, begreifen wir einfach nicht, welch grandiose Entwicklung sich vor unseren Augen vollzieht, wie genial all die Künstler sind? Darf man überhaupt zweifeln, oder müssen wir einfach akzeptieren, was uns die „Konstrukteure" der Kunstgeschichte als Wertesystem vorgesetzt haben, was internationale Auktionshäuser mit absurden Finanztransfers bestätigen, was von gefeierten Gurus der Szene an Akademien gelehrt und auf internationalen Kunstevents gefeiert wird? Der Kunstkonsument und Betrachter wird in eine Sackgasse gedrängt, aus der es kein Entkommen gibt. Äußert er Kritik, wird seine Kompetenz in Frage gestellt.

Zitat: *„Zur Avantgarde zählen politische und künstlerische Bewegungen, zumeist des 20. Jahrhunderts, die eine starke Orientierung an der Idee des Fortschritts gemeinsam haben und sich durch besondere Radikalität gegenüber bestehenden politischen Verhältnissen oder vorherrschenden, ästhetischen Normen auszeichnen."* (Wikipedia [4])

In der Geschichte der Modernen Kunst geben sich unzählige avantgardistische Bewegungen die Klinke in die Hand, überwinden Traditionen, schaffen aber gleichzeitig neue Konventionen durch ihre Konzepte und Werke. Zentral ist eine sehr aktive, avantgardistische Bewegung in den ersten zwei Jahrzehnten des 20. Jahrhunderts zu sehen, dann eine zweite in den 1960/70er Jahren. Eine jede Avantgarde hinterlässt ihre Zeugnisse, Relikte des Umsturzes, die sich zwangsläufig durch die Strukturen des Kunstmarktes in verehrungswürdige Ikonen mit Kultstatus verwandeln, wie die Readymades von Marcel Duchamp [26].

Die Grundhaltung gegenüber Moderner Kunst und ihren zeitgenössischen Variationen hat sich in den Jahrzehnten Richtung Toleranz und wohlwollendes Interesse entwickelt. In einem Jahrhundert, in dem sich extrem kurz getaktet fast alles radikal vor unseren Augen verändert hat, wächst automatisch eine gewisse Neugier und auch Belastbarkeit. Dennoch spielt die Kunst in dem Prozess des Bewusstmachens und Aufrüttelns eine entscheidende Rolle. Es funktioniert nach wie vor, mit kreativen, neuen Ideen und Konzepten unsere Sehgewohnheiten aufzumischen, unsere Realität zu hinterfragen, zum

Nachdenken anzuregen und nicht zuletzt mit Humor und Witz, gepaart mit einem gehörigen Schuss Provokation, das Erstarren in allzu großer Bequemlichkeit zu torpedieren.

Dies alles sind Anzeichen einer freien Gesellschaft, einer weitreichenden Toleranz dem Neuen, Andersartigen gegenüber. In der Kunst bleibt weitgehend alles sinnbildhaft, nicht direkt als Forderung zur Veränderung von Realität gemeint. Kunst „spielt“ gewissermaßen mit so manchen Realitätsbezügen und dies recht „straffrei“, hat die Gesellschaft ihr doch eine geschützte Nische zugewiesen. Totalitäre Gesellschaftssysteme haben damit so ihre Probleme!

Oberflächlich betrachtet nimmt das Interesse an zeitgenössischer Kunst in der Bevölkerung sogar beständig zu. Der Massenzulauf bei den unzähligen ARTS oder anderen großen Kunstevents (Biennale Venedig, Dokumenta Kassel…) zeigt einerseits, dass sich ein Großteil der Besucher ein lohnendes Erlebnis davon verspricht, vielleicht auch einen gewissen Genuss in der Konfrontation mit all den Variationen von Kunst, Neugier und Belastungsprobe gleichermaßen. Oft ist es aber für viele lediglich eine Modeerscheinung, ein Trend, sich in entsprechenden Kreisen zu bewegen, wenigstens kurz aus der alltäglichen Angepasstheit auszutreten.

4.5 Der Letzte macht das Licht aus

Dennoch muss kritisches Nachfragen möglich sein. Finden wir in der Stilvielfalt nicht permanent Wiederholungen, Variationen und neue Kombinationen von Bekanntem, bereits Gemachtem? Kann der klassische Dadaismus der 1920er

Jahre noch ein paar Mal aufgewärmt werden durch immer neue Neodadaismen? Stößt die revolutionäre, provozierende Komponente in der zeitgenössischen Kunst nicht längst in die Leere einer abgestumpften Gesellschaft? Wird nur noch für den Kommerz produziert? Kann es so überhaupt noch eine Avantgarde geben, eine aktive Gegenbewegung zu einer genügsamen Bürgerlichkeit?

Peter Bürger formuliert es in seinem Buch „Das Altern der Moderne" folgendermaßen: *„Eine Avantgarde wird es nur dann geben, wenn die Konfliktpotentiale innerhalb der westlichen Gesellschaften ein Bewusstsein für die Unausweichlichkeit radikaler, gesellschaftlicher Veränderungen geschaffen haben werden. Dann und nur dann dürften erneut Bewegungen entstehen, die sich nicht mit der Hervorbringung von Kunstwerken zufrieden geben wollen. Solange dies nicht der Fall ist, solange wir uns abfinden mit dem Gedanken, dass die Zukunft zwar düster, die Gegenwart aber für die meisten noch recht angenehm ist, wird Avantgarde uns als Phänomen der Vergangenheit erscheinen, und wir werden uns damit begnügen müssen, dass Gestalten wie Beuys sie wachhalten in unserem Bewusstsein."* [29]

Der Künstler und seine Kritiker 4.6

Kunstkritik ist immer, egal aus welcher Ecke sie kommt, eine Beurteilung, die verändernd auf das künstlerische Werk und den Künstler ganz persönlich einwirkt. Schon der Begriff „Kritik" impliziert eine gewisse Skepsis, eine kritisch beobachtende Distanz zum Objekt, was aber per se nicht in der Natur der Sache liegt.

Eine Kunstkritik kann auch durchaus positiv ausfallen, Künstler und Werk als besonders prädestiniert darstellen und dies durch Fakten untermauert, glaubhaft verifizieren.

Zunehmend tauchen in Fachzeitschriften Beiträge auf, die sich abwertend kritisch mit Zeitgenössischer Kunst auseinandersetzen: Kunst als millionenschweres Spekulationsobjekt eines neuen, globalen Geldadels; Kunst auf dem Weg in die totale Vermüllung mit Messi-Charakter; Künstler in einer chronischen Schleife substanzlosen Epigonentums; glamouröse Massenevents mit Showcharakter, oberflächlich, banal, substanzlos! Es ist leicht, zu einem derartigen Urteil zu kommen, betrachtet man die Kunstwerke unabhängig von den Mechanismen, die sich in der Kunstszene abspielen. Es ist verführerisch, den Künstler/in verantwortlich zu machen, ist er/sie doch das schwächste Glied in der Kette. Damit ist der Kunst aber nicht geholfen.

4.7 Umgang mit Kritik

Kritik spielt sich auf unterschiedlichen Ebenen ab, die man klar voneinander trennen muss. Im Prozess der Entstehung einer Arbeit ist der Künstler selbst sein schärfster Kritiker. Es sind die eigenen Maßstäbe, errungen aus vielen Erfahrungen heraus, aus unzähligen Versuchen und Experimenten, die angelegt werden, an denen er die Wertigkeit seiner Arbeit misst. Wie sollte es da möglich sein, dass ein Dritter, einer der nicht weiß, was im Künstler vorgeht, der dessen Maßstäbe nicht kennt, wie könnte dieser ein belastbares Urteil fällen?

Das Hauptproblem mit aller Kunstkritik liegt in der Subjektivität des Entstehungsprozesses von Kunst. Gerade die Moderne Kunst lebt aber ganz aus dieser Subjektivität heraus, aus der Abgrenzung gegenüber nivellierenden Normen und Regeln. Aber auch die eigenen Ansprüche an die Stimmigkeit einer Arbeit kommen nicht aus dem Nichts. Sie sind erlernt. Und wo man etwas lernen kann, gibt es auch Regeln und Maßstäbe, Vorbilder und Übungsschritte. In der Regel haben wir kein Problem damit, von einem Kursleiter oder Künstler, der in seiner Kompetenz von uns geachtet wird, Kritik anzunehmen, im Gegenteil. Nur so kommt man weiter, wird man immer besser. Lernen erfolgt immer aus Fehlern heraus.

Die Kritik an der Kritik setzt da an, wo ein Fremder, dessen Kompetenzen unbekannt sind oder der sich prinzipiell als dazu beauftrag ausweist, sich erlaubt, ein vernichtendes Urteil abzugeben. Und besonders schwierig wird es, wenn diese Kritik öffentlich gemacht wird z.B. in einem Vortrag, einem Gespräch im Beisein anderer oder gar in der Presse. Setzt man sich als Künstler durch Ausstellungen der Öffentlichkeit aus, muss man aber damit rechnen, denn das gehört zum Geschäft!

Dagegen ist eine bestärkende, positive Kritik natürlich angenehm. Dabei ist gerade eine positive Kritik vielfach dadurch unfruchtbar für den Künstler, weil sie notwendige Veränderungen, Verbesserungen blockiert, im schlimmsten Fall Defizite zudeckt. Als Künstler kann man sich eigentlich nichts Besseres wünschen, als eine ehrliche Kritik von einem kompetenten Menschen, die nicht beschönigt, sondern herausfordert. Zugegeben, das muss nicht gerade bei der Laudatio auf der Vernissage passieren, auch nicht am nächsten Tag in der Zeitung stehen.

Unsere eigenen Empfindlichkeiten, die eigene Selbsteinschätzung und gewonnene Sicherheiten bilden die Tragfähigkeit für Kritik von außen. Erfolgreiche Künstler haben damit in der Regel kein Problem, ist doch der erreichte Level an Wertschätzung groß genug, um die eine oder andere kritische Bemerkung wegstecken zu können. Außerdem würde sich ein Kritiker selbst unglaubwürdig machen, gegen bereits vergebene und anerkannte Bewertungen kompetenter Personen vorzugehen.

Ringt ein Künstler aber noch um Anerkennung seiner Arbeit, steckt er selbst noch in Unsicherheit, dann besteht, psychologisch gesehen, eine geradezu fatale Abhängigkeit von positiver Zuwendung. Mit Kritik konstruktiv umzugehen setzt eine innere Sicherheit voraus, ein Zufriedensein mit sich selbst. Wenn man als Künstler dies schwerpunktmäßig vom Erfolg seiner gestalterischen Arbeit abhängig macht, wird Kritik gefährlich, sowohl positive als auch negative. Da eine künstlerische Betätigung erwiesenermaßen zur Persönlichkeitsfindung und Stabilität beitragen kann, sollte man sich nicht zu früh der Öffentlichkeit und damit Kritik aussetzen und einen aufbauenden Prozess so möglicherweise jäh unterbrechen.

4.8 Die Frage nach der Kompetenz

Die Auswirkung von Kritik für die Karriere eines Künstlers/in wird aber meist gewaltig überschätzt. War das Urteil eines anerkannten Kunstkritikers vor fünfzig Jahren noch viel beachtet und hatte maßgeblichen Einfluss auf den Werdegang eines Künstlers, haben sich die Gewichtungen heute verschoben. Die Wertschätzung von Kunstkritikern nimmt in einschlägigen Kreisen beständig ab. Ihre Unabhängigkeit wird angezweifelt, auch ihre Fachkompetenz. Kritiken in Fachzeitschriften oder im Feuilleton bekannter Zeitungen mutieren teilweise zu literarisch aufbereiteten Essays, verbal ausgefochtene Kompetenzschlachten, inhaltlich dünn, wenig belastbar und oft an der Sache vorbei. Beachtung findet derjenige mit den originellsten Formulierungen, den provokantesten Sprüchen und ungewöhnlichsten Assoziationen. Galeristen und Sammler verlassen sich aber weitgehend auf ihr eigenes Urteil oder arbeiten mit einem „akzeptierten" Kreis an fachlich versierten Kunstkennern zusammen.

Im Prinzip kann sich ein jeder Kunstkritiker nennen, sich frei äußern und dies in unterschiedlichen Kreisen kundtun. Häufig kommen Kunstkritiker aus dem Bereich des Journalismus, haben sich Fachkenntnisse selbst angeeignet. Selten fühlen sich studierte Kunsthistoriker, Galeristen oder Sammler aufgerufen, Kunstwerke öffentlich zu kritisieren oder gar journalistisch tätig zu werden.

In Sachen praktische Kunstproduktion sind Kunstkritiker meist „Laien". Selten liegen einschlägige, handwerkliche Erfahrungen vor in Sachen Gestaltung, geschweige denn das prozesshafte Eigenerleben einer künstlerisch-gestalterischen Entwicklung. Intensive Kontakte zu Künstler/innen können dem etwas abhelfen, ersetzen aber niemals die Eigenerfahrung. Andererseits ist auch ein Künstler nicht gerade die beste Wahl zum Kritiker. Er geht zentral von seinen Erfahrungen aus, die begrenzt oder einseitig sind, will Künstlerkollegen nicht schaden oder er lädt seinen Frust über das eigene Scheitern als Künstler nun in überscharfen Kritiken ab.

Doch stellen wir die Kunstkritiker nicht unter Generalverdacht. Die allermeisten bemühen sich redlich, gemäß ihrer Erfahrung ein möglichst objektives und belastbares Urteil zu fällen. Reine Ausstellungsbesprechungen in der Tageszeitung aus Anlass von Vernissagen gehören im Grunde nicht zur Kunstkritik. Sie haben weitgehend Hinweischarakter, können aber durchaus tendenziell Wertungen enthalten. Laudatoren, für eine Vernissage bestellte Redner, setzen auftragsgemäß niemals zu negativer Kritik am Künstler an. Aber auch eine solche „Lobrede" sollte substantiell haltbar, an Fakten orientiert und für die Zuhörer fruchtbar sein.

Meist verfolgt der Kritiker aber eine hehre Absicht, den Zuhörer oder Leser weiterzubilden, ihm bisher unbekannte Informationen an die Hand zu geben. Der Kritiker glaubt vielfach, als seriöser Multiplikator im Zuge einer Schulung des Publikums zu fungieren, ein hoher Anspruch, der nicht immer einzulösen sein wird. Meist gelingt es dem Kunstkritiker aber tatsächlich besser, sein Publikum sprachlich und inhaltlich zu erreichen, als dem studierten Kunsthistoriker, der oft verbal in komplizierter Fachsprache über die Köpfe seiner Zuhörer hinwegdoziert, wodurch das Publikum in eine Art „Informationsschock" versetzt wird, was ein geflissentliches Stillhalten zur Folge hat. Wer hat nicht derartige Reden bei Ausstellungen über sich ergehen lassen müssen.

4.9 Der Verriss

Um seine Stellung zu bewahren oder gar auszubauen, hilft einem Kritiker hin und wieder ein „ordentlicher Verriss", zeigt dieser doch seine Kompetenz und Urteilskraft. Verrisse schüchtern ein, Gegenrede und Rechtfertigung sind direkt nicht möglich und auch wenig effektiv, da der „Abschuss" des Zielobjektes bereits erfolgt ist. Nachträgliche Kommentare und selbst ein Verriss des Verrisses zeigen nur die Hilflosigkeit und Verwundbarkeit des Betroffenen. Andererseits kann ein gezielter, bewusster Verriss durchaus Startschuss für eine gesteigerte Öffentlichkeitswahrnehmung des Künstlers sein, womit Kritiker doch noch zum Helfer in dem steten Ringen um Aufmerksamkeit werden.

Wie wir mit Kritik umgehen, ob wir sie fruchtbar werden lassen für unsere Arbeit oder ob sie uns ausbremst und frustriert, dafür sind wir letztendlich selbst verantwortlich. Und vielleicht halten wir es einfach mit Otto Dix: *„Entweder ich werde berühmt . . .oder berüchtigt!“* [5]

Freiheit, Gleichheit, Brüderlichkeit 4.10

Warum freuen wir uns nicht einfach an dem heiteren Treiben, der Ausgelassenheit und Unbekümmertheit so mancher Künstler und Künstlerinnen, die uns einerseits die Potenz von Freiheit aufzeigen, die in jedem einzelnen von uns vorhanden ist, andererseits uns durch ihr Gebaren unsere Verklemmtheit, unsere Unfreiheit, unsere Feigheit und unseren mangelnden Glauben an unsere Kraft vor Augen halten.

Was soll da noch die Frage nach einem Wohin, einem Ziel, einer Zukunft der Kunst? Hat nicht die Kunst selbst die Frage längst schon beantwortet? Ist das nicht unser aller Zukunft: Eine freie Gesellschaft, mündige Individuen, die mit allen Möglichkeiten einer Weiterentwicklung experimentieren, die sich nicht scheuen aufzubegehren, Utopien und Gegenkonzepte zu verbreiten, die aber auch nicht so naiv sind zu glauben, dass alles auf Anhieb klappt.

Erkennen wir durch die Kunst unsere eigene Unfreiheit, in der wir nach wie vor verharren. Öffnen wir doch die Türen des Gefängnisses, in dem wir offensichtlich freiwillig immer stecken. Längst sind die Türen nicht mehr abgeschlossen und doch geifern wir all denen hinterher, die draußen schon erste Gehversuche machen in einer neu gewonnenen Freiheit, etwas unbeholfen vielleicht, wie Kinder, denen alles zum Spielen taugt, aber voller Freude und Mut zum Risiko, in der Gewissheit, nur gewinnen zu können.

Während Kunsthistoriker noch mit weißen Handschuhen ehrfürchtig in heiligen Hallen fragwürdige Kunstobjekte bewegen, vermüllen wir die Meere, die Natur, unsere Nahrung, unsere Gedanken – warum sollten da die Künstler nicht zu Müll greifen für ihre Objekte und Aktionen. Es ist auch der Müll, aus dem unsere Gegenwart gemacht ist, nicht edle Ölfarben auf einer blitzeblanken Leinwand. Mit dem arbeiten, was das Leben in Überfülle bietet, nicht aus einer Not und einem Mangel heraus, sondern in die Fülle greifen, umgestalten, in eine bessere Zukunft weisen, überraschend, innovativ und notwendigerweise provozierend. Die Kunst bietet dafür ein weites Feld.

Es geht nicht um Lösungen. Die Künstler sind keine Umweltschützer, Wissenschaftler, Politiker, Techniker oder Erfinder. Dennoch haben sie ein mächtiges Instrument zu Verfügung, ihre Fantasie, die Utopien produziert, ihre Sensibilität gegenüber Missständen und Notwendigkeiten, ihre Fähigkeit, sinnbildhafte Objekte zu erschaffen, den Mut, die Finger in die Wunde zu legen und dafür Material zu bewegen und das alles begleitet von einem kindlichen Spielwitz, Humor und einer großen Portion Selbstironie (hoffentlich!)

Die momentane Misere in der Kunst haben nicht die Künstler zu verantworten. Die Finger schmutzig gemacht haben sich die sogenannten Fachleute der

Szene, studierte Kunstwissenschaftler und Kunsthistoriker, Sammler und Galeristen. Mit ihren Urteilen zementieren sie Wertigkeiten, schaffen zwar eine gewisse logische Ordnung in dem Chaos an Kunststilen und unterschiedlichsten Manifestationen. Sie liefern den theoretischen Background, erstellen Zertifikate und rechtfertigen mittels einer hochabstrakten Fachsprache praktisch jegliche Kunstäußerung. Sie sind der neue Adel, die neue **ART**istokratie, zwar keine direkten Auftraggeber, aber nicht minder effektive Entscheidungsebene, eine unantastbare Elite, in deren Abhängigkeit die Kunst zwangskanalisiert wird. Schon Einstein behauptete, dass ein Problem nicht mit denselben Mitteln beseitigt werden kann, durch die es entstanden ist. Damit kann eine Veränderung der Verhältnisse nicht von der herrschenden Kunstelite ausgehen. Sie wird einen „Teufel" tun, das eigene Selbstverständnis in Frage zu stellen. Eine effektive Veränderung kann nur an der Basis entstehen, dort wo schon vor über 100 Jahren alles begann, in den Köpfen und Ateliers der Künstler.

art

5.0 Kunst lehren und lernen

Um Kunst lehren und vermitteln zu können, bedarf es zuerst einer Standortbestimmung. Der Kunstvermittler wird anders vorgehen bei einer Schulklasse als bei einer interessierten Erwachsenengruppe im Museum. Der Kunstvermittler sollte sein Publikum dort abholen, wo es steht.

Anhand der großen Blockbuster-Ausstellungen in den großen Museen mit berühmten Namen der Klassischen Moderne (Nolde, Mark und Macke, Van Gogh, Dali, Klee oder Matisse etc.) und deren gewaltigen Zulauf, kann man aber konstatieren: Viele Jahrzehnte nach deren Entstehung sind der Impressionismus, Expressionismus, Surrealismus und ansatzweise der Kubismus in der breiten Akzeptanz der Bevölkerung weitgehend angekommen. Akzeptiert werden auch die Popart, Opart und alle Spielarten des Realismus, im Prinzip alles, was relativ leicht dekodierbar ist, unmittelbar auf Objektebene zugänglich ohne komplizierten, philosophischen Background und aggressive Provokation, zumindest für die aktuelle Sichtweise. Dadaismus, Minimalart, Abstraktion, gestische Malerei, Konzeptkunst, Installationen und Perfomances aller Art machen Kunst anstrengend, sperrig und schwer verdaulich. Eine effektive Kunstpädagogik sollte aber alles im Blick haben. Sämtliche „Kunstvermittler“

schöpfen in der Regel aus derselben Quelle, die offizielle Kunstgeschichte mit ihren standardisierten Erklärmodellen. Ziel ist eine möglichst nachhaltige Beschulung in unmittelbarer Abhängigkeit zu den bestehenden Maßstäben und Werten. Kritische Distanz ist nicht gefragt. Dahinter steckt aber keineswegs eine schlechte Absicht. Die Kunstvermittler sind zutiefst von dem überzeugt, was sie da tun, was zu einer permanenten Selbstbestätigung des Systems führt. Dass dabei auch gravierende Fehler unterlaufen können, wird nicht wirklich diskutiert. Am Beispiel von *Joseph Beuys* untersucht der Autor im zweiten Teil dieses Buches Hergang und Folgen einer solchen Fehlbeurteilung und fordert eine substantielle Neubewertung von dessen Werk.

Kunstpädagogik 5.1

Wenn wir uns mit der aktuellen Kunstszene auseinandersetzen wollen, ist es unerlässlich, Kunstausbildung und Lehre genauer zu betrachten. In welcher Weise prägt das Geschehen der Modernen Kunst die Pädagogik an Akademien, Kunstschulen und im Kunstunterricht an allgemein bildenden Schulen?

Schon immer wurde an Kunstakademien das gelehrt und eingeübt, was aus der Tradition heraus gewachsen war, aber auch, was aktueller Zeitgeist darstellt. Die klassische Kunstakademie vermittelte bis ins 20. Jahrhundert hinein den bewährten Kanon von Aktzeichnen, Naturstudien, Kompositionslehre, das Kopieren von Werken alter Meister, Mal- und Zeichentechniken, kunstgeschichtliches Basiswissen. Um aufgenommen zu werden musste man eine solide Grundbegabung im Zeichnen nachweisen.

Zwar erscheint aktuell der Lehrplan an Kunstakademien noch in gewisser Weise orientiert an klassischen Zeichenübungen, Maltechnik, Kunstgeschichte und Auseinandersetzung mit dem aktuellen Kunstgeschehen. Substantiell bestimmen aber Künstlerpersönlichkeiten als Professoren die inhaltliche und konzeptuelle Ausrichtung. Die Akademien sind die zentralen Multiplikatoren für zeitgenössische Kunst.

Auf diese Weise bildet eine jede Akademie im Laufe der Jahre mit ihren Lehrenden einen eigenen Schwerpunkt heraus. Obwohl die meisten Professoren strikt ablehnen würden, dass sie ihre Studenten inhaltlich und stilistisch prägen, lässt sich das naturgemäß nicht verhindern. Zwar hat jeder Student prinzipiell die Freiheit, sich auch ganz anders zu orientieren und zu entwickeln, in der Praxis ist dies aber kaum möglich. Auf diese Weise werden aktuelle Kunststile sehr effektiv an die nächste Generation weitergegeben, was auch akademieintern hin und wieder zu großen Umschichtungen führte. So war Paul Klee jahrelang am Bauhaus als einflussreicher Professor für Malerei hoch geschätzt, doch als Hannes Meyer die Leitung des Bauhauses in Dessau antrat, war der Einfluss von Klee plötzlich nicht mehr erwünscht. Meyer forderte die völlige Abschaffung der Freien Malerei am Bauhaus zugunsten einer nüchternen, industriell orientierten und berechenbaren Produktion von Gestaltungsprozessen. Klee wollte dagegen eine harmonische Verflechtung von Technik und Tradition, von reiner Mechanik und künstlerischer „Mystik" erreichen. Schließlich strich er enttäuscht die Segel und nahm eine Stelle als Professor an der Düsseldorfer Akademie an. Dort gab es dann im Jahre 1972 mit dem als Professor berufenen *Joseph Beuys* einen aufsehenerregenden Skandal, als dieser vom damaligen Kultusminister des Landes Hessen fristlos entlassen wurde auf Grund seiner suspekten Lehrmethoden und einer „zügellosen“ Studentenaufnahmepraxis. Übrigens ist es für eine mögliche Karriere eines Künstlers nicht unerheblich, wenn er sich als ehemaliger Student von Beuys oder anderen „Künstlerfürsten“ outet.

Bei einer Akademieausbildung handelt es sich also nicht in erster Linie um eine handwerklich-gestalterische Angelegenheit, sondern um die Prägung von Bewusstseinsprozessen in Konzepten, Umsetzungstechniken, philosophischem Background, handwerklichen Experimenten, orientiert an aktuellen Kunststilen, wodurch bei den Studierenden eine tiefe Verankerung im jeweiligen Zeitgeist erreicht wird, die oft lebenslang nicht aufgehoben oder verändert werden kann. Auch Künstler bleiben Kind ihrer Zeit! Wir müssen uns nur im Klaren sein, dass dadurch eine dominante Ausrichtung an der jeweils aktuellen Zeitgenössischen Kunst erfolgt. Es entsteht ein neuer „Akademismus“, der relativ kritikfrei und markthörig nur das lehrt, was der aktuelle Zeitgeist hergibt, wenn auch recht kurzlebig im Gegensatz zu den traditionellen Ausbildungsrichtlinien an den Akademien bis ins 19. Jahrhundert hinein.

Unterricht, Schule 5.2

Kunstbildung fängt aber schon viel früher an. Welche ästhetischen Maßstäbe ein Kind entwickelt hängt auch entscheidend davon ab, in welche Bildwelten es hineingeboren wird und mit was es in Berührung kommt. Bis zur Pubertät entwickelt das Kind aber noch eine erstaunliche Eigendynamik, schafft weitgehend introvertierte Bildwelten, die sich von äußeren Eindrücken aber durchaus beeinflussen lassen. Schnell zeigt sich aber die Bildersprache der Comics,

Darstellungen aus Animationsfilmen, der Werbung, Video und stilisierenden Illustrationen, was einer massiven Verdrängungen intuitiver, kind- und altersgemäßer Bilder gleichkommt. Schon früh, oft schon in der Grundschule, werden die Kinder dazu mit Bildbeispielen aus der Modernen Kunst oder aus den bildgebenden Medien konfrontiert, die es ansatzweise nachzugestalten gilt.

Beobachtet man die Entwicklung der kunstpädagogischen Konzepte an unseren staatlichen Schulen, kann man feststellen, dass sich auch der Wandel der jeweiligen, zeitgenössischen Kunst unmittelbar in den Lehrplänen zeigt. Selbst ausgebildet an einer Pädagogischen Hochschule in den Jahren 1970/74 hat der Autor dieses Buches die substantielle Hinwendung der kunstpädagogischen Konzepte zur Befähigung der Kinder und Jugendlichen zu einer bewussten, visuellen Kommunikation einerseits erlebt, andererseits die Orientierung an Stilen und Arbeitsweisen der Modernen Kunst und dies unkritisch, geradezu zwanghaft kopistisch.

Als Feindbild wurde ein Kunstunterricht an den Pranger gestellt, der aus einer langen Tradition heraus das darstellende und illustrierende Malen und Zeichnen in den Mittelpunkt stellt, orientiert an der altersbezogenen Fantasie der Kinder und ihrer entwicklungspsychologischen Verortung. Die neue Kunsterziehung sollte in erster Linie eine lernzielorientierte, kontrollierte Hinführung der Kinder sein zu den Stil- und Darstellungsmitteln der Modernen Kunst. Das darstellende Malen und Zeichnen wird analytisch pädagogisch aufbereitet und in kontrollierbare Lernschritte gepackt. Auf den Kunstunterricht bezogen ist es durchaus fragwürdig, Darstellungstechniken und Inhalte zeitgenössischer Kunst unmittelbar in die Schulpraxis einfließen zu lassen, da diese einer hochintellektualisierten Erwachsenenwelt entspringen, Ergebnis eines differenzierten Bewusstseinsprozesses sind, vielfach eingegliedert in gesellschaftliche Umstände. Sie sollten auf keinen Fall lediglich als äußere Erscheinungsform, also im Wesentlichen als stilistisches Ausdrucksmittel betrachtet werden. An Kinderzeichnungen und Kritzeleien erinnernde Arbeiten so manchen berühmten Künstlers wie Beuys, Klee, Dubuffet oder Tápies, sind nicht Ausdruck von Naivität oder einer Regression in frühkindliche Zustände, sondern Ergebnis meist langjähriger Konzentrationsprozesse, höchst verdichtete Darstellung und Ausdruck eines künstlerischen Weges zu gestalteter Verdichtung. Derartige Arbeiten auf die Stufe von Kindern zu stellen und diese damit zu konfrontieren als Vorbild oder Anregung, zeugt von einem grundlegenden Missverständnis der bildnerischen Entwicklung von Kindern oder Jugendlichen. Die Freude so manchen Erziehers über „gelungene“ Arbeiten von Kindern basieren auf einer möglichst großen Annäherung der Kinderzeichnung an das künstlerische Vorbild (z.B. der Goldfisch von Paul Klee). Immerhin hat das Kind meist doch noch die Kraft, sich auch darüber hinwegzusetzten und etwas Eigenständiges hervorzubringen.

Die Entwicklungspsychologie von Kindern und Jugendlichen verlangt eigentlich aber nach einer anderen Formen- und Vorstellungsmatrix, fest eingebunden in eine natürliche, immanente, psychische Entwicklung, erlebnisorientiert oder frei assoziiert. Damit ist aber nicht gemeint ein Rückfall in Zeiten einer stereotypen Naturseligkeit in Motiven und Darstellungstechnik, wie es in der Kunstpädagogik, dem Fach „Malen“, früher üblich war (Frühlingsblumen, Herbstlaub, Osterhasen und Weihnachtsseligkeit etc.)

Zeitgenössische Kunst als Orientierungsfeld in der Kunstpädagogik ist ein hochsensibles Metier, ein sehr fein eingestellter Seismograph, dazu noch höchst individuell gelagert und hochintellektuell, Produkt reflektierender Erwachsener. Der entsprechende Output an sicht- und greifbarer Kunst ist meist nicht geeignet, Kindern und Jugendlichen als Vorbild zu dienen, bevor sie nicht ihre ureigenste, natürliche Entwicklung durchlaufen haben. Alles andere ist Manipulation. Sicherlich muss sich eine moderne Kunstpädagogik an unseren Schulen auch intensiv mit der aktuellen Bilderwelt der Jugendlichen und Kinder auseinandersetzen, um diese zu relativieren.

art

Die Outlaws: Amateurkunst 6.0

Wir verlassen einmal die Ebene der global agierenden Kunstmäzene, der großen und kleinen „Künstlerfürsten", der Meister und Genies, der internationalen Kunstevents, der gebildeten Kuratoren und Kunsthistoriker, der bedeutenden Museen, Sammlungen und Auktionshäuser. Lenken wir den Blick einmal dezidiert dorthin, wo „unterhalb" der Profiszene Kunst gemacht wird, in unzähligen Ateliers semiprofessioneller Künstler und Gestalter, in der Mehrzahl Amateurkünstler, vielfach ohne qualifizierten Akademieabschluss.

Es mag überraschen, dass diesem Bereich in diesem Buch derart große Beachtung zukommt, fristet die *Amateurkunst* in der Regel für die Profiszene ein Schattendasein, ohne jegliche Bedeutung für den offiziellen Kunstmarkt, inhaltlich und konzeptionell belanglos, ja belächelt oder gar ignoriert. Bei unvoreingenommener Betrachtung lässt sich aber am Erstarken dieser Szene in den letzten Jahrzehnten ein Vorgang beobachten, der unmittelbar mit der Entwicklung der Profikunst zu tun hat. Dieser Zusammenhang ist sehr aufschlussreich und eröffnet neue Interpretationsmöglichkeiten für den aktuellen Verlauf der Profiszene, wovon in den folgenden Kapiteln noch die Rede sein wird.

6.1 Profi, Amateur, Hobbymaler

Der Begriff des Profis kommt aus dem Handwerk. Hier ist der ein Profi, der seine Fähigkeiten und Kenntnisse im Rahmen einer offiziell anerkannten Ausbildung in einem Meisterbetrieb absolviert hat, sich dann in der Berufspraxis bewährt und schließlich von seiner Arbeit leben kann. Beim Künstler als „freien Beruf", ohne zwingende Koppelung an eine bestimmte Ausbildung, ist das wichtigste Merkmal der Erfolg auf dem Kunstmarkt: Ausstellungen in einflussreichen, großen Galerien, Verkäufe in entsprechendem Preissegment, Ankäufe für bedeutende Sammlungen (privat oder öffentlich), Förderung durch einflussreiche Netzwerke, Beteiligung an wichtigen, überregionalen Ausstellungskonzepten und Events. Die Qualität der künstlerischen Arbeiten ist sicherlich ein entscheidendes Kriterium, aber bei weitem nicht das Wichtigste. Der Markt ist überschwemmt von „guter" Kunst, engagiert gemachten Arbeiten, in Konzept und Ausführung absolut konkurrenzfähig. Dennoch schaffen nur wenige den Sprung in die Oberliga der Kunst, was nicht immer eine international beachtete Karriere sein muss. Eine ganze Reihe von Künstlern aus unterschiedlichen Sparten haben es geschafft, von ihrer Arbeit den Lebensunterhalt zu bestreiten, sind regional bekannt und geachtet. Professionalität im Sinne einer finanziell tragenden Tätigkeit gibt es also auf den unterschiedlichsten Ebenen des Kunstmarktes bis hinein in regionale Bezugsfelder.

Was den Leser aber weit mehr interessieren dürfte ist der Weg dorthin. Wie schafft man es aufzurücken in den Status eines Profis? Gibt es Regeln, Eignungstests oder gar Passwörter, um überhaupt vorgelassen zu werden?

In der Praxis ist aber nach wie vor ein wichtiges Kriterium der Nachweis einer professionellen Ausbildung, in der Regel an einer staatlichen Kunstakademie. Das signalisiert eine solide Basis. Das alleine reicht aber bei weitem nicht aus, ist lediglich Grundlage und Startpunkt, wobei der Ruf der Akademie und ihrer Lehrpersonen für den weiteren Werdegang zum selbständigen Künstler wichtig ist. Wer z.B. damals bei Beuys an der Düsseldorfer Akademie studiert hat, hatte lange Jahre einen Bonus. Beweisen muss man sich aber erst nach dem Studium. Hier beginnt die eigentliche Profession. Konstantes, engagiertes Arbeiten an der eigenen Entwicklung, der Aufbau eines Netzwerkes an Galeristen, Sammlern und Interessenten. Wer das Glück hatte, schon an der Akademie zu den Meisterschülern eines bekannten Künstler-Professors zu gehören, einflussreichen Kreisen empfohlen wird und mit ersten Ausstellungen an die Öffentlichkeit tritt, eine erfolgreiche Teilnahme an Wettbewerben absolviert und schließlich in Sammlerkreisen Aufsehen erregt hat, der hat gute Chancen im professionellen Kunstmarkt Fuß zu fassen. Sicherlich, es gibt auch überraschende „Entdeckungen", Zufallsbegegnungen mit einflussreichen Multiplikatoren, aber immer ist ein Weiterkommen nur dann möglich, wenn die künstlerische Arbeit substantiell belastbar ist, originell und am Zeitgeist orientiert.

Die meisten Kunstschaffenden, die den Sprung in die Oberliga trotz Kunststudium nicht geschafft haben, verbleiben in der Regel in einer Art „Wartehaltung", Profis „in spe", zumindest wenn sie inzwischen die Arbeit an ihrer Kunst nicht vernachlässigt oder gar aufgegeben haben. Die Mehrzahl davon wird sich, wenn möglich, in verwandten Berufen ihren Lebensunterhalt verdienen, als Kunsterzieher an Schulen, an der VHS oder mit privaten Künstlerkursen.

Ohne Kunstakademie und entsprechende Empfehlungen ist es allerdings noch um ein vielfaches schwerer, in die Riege der „Profis" aufgenommen zu werden, übrigens unabhängig von der Qualität der künstlerischen Arbeiten, was bei den Kunstproduzenten großen Unmut und Unverständnis hervorruft. Tausende beschäftigen sich heute mit künstlerischer Gestaltung in unterschiedlicher Intensität, ohne von Anfang an den Weg des Profis beschritten zu haben (Kunstakademie etc.). Dann sprechen wir von *Amateuren*, was auf den ersten Blick abwertend klingt, aber lediglich eine Zuordnung darstellt, ohne die man schnell den Überblick am Kunstmarkt verliert.

Die Amateurkunst lässt sich aber relativ trennscharf von der Profiszene abgrenzen. Für den Amateurkünstler ist die gestalterische Betätigung meist nicht berufsbildend existentiell, auch selten zentraler Schaffensmittelpunkt im Leben. In der Regel wird berufsbegleitend oder erst im Anschluss an das offizielle Berufsleben gearbeitet. Studiert (gelernt) wird meist an privaten Kunstschulen oder Freizeit-Akademien, in Künstlerkursen und als Autodidakt. Die Akteure sind in der Regel nicht auf die Einkünfte ihrer künstlerischen Tätigkeit angewiesen, haben einen „Brotberuf" oder sind in partnerschaftliche Verhältnisse eingebunden, die eine wirtschaftliche Unabhängigkeit ermöglichen.

Dies alles hat nicht unbedingt etwas mit der Qualität der künstlerischen Arbeiten zu tun. Betrachtet man die Ergebnisse der Amateurkunst einmal vorurteilsfrei, muss man zugeben, dass so manches Werk durchaus in Komposition, Inhalt und Originalität mit Arbeiten der Profiszene mithalten kann. Auch hier wird teilweise intensiv und existenziell gearbeitet. Künstlerische Prozesse erstrecken sich oft über Jahre und Jahrzehnte und führen zu in sich schlüssigen, überzeugenden Konzepten.

Auch erschließen sich durchaus Märkte für anspruchsvolle Amateurkunst. Sucht man gut gemachte Kunst zu günstigen Preisen und ohne die Absicht, damit auf Werterhalt oder Wertsteigerung zu spekulieren, kann man hier fündig werden. Sich mit Kunstwerken aus der „Oberliga“ einzudecken, und welcher Kunstliebhaber täte das nicht gerne, ist eine ausgesprochen kostspielige Angelegenheit, erfordert Fachkenntnis und eine gute Vernetzung.

Dadurch, dass sich in der Amateurszene auch eine große Zahl an weniger engagiert arbeitenden Gestaltern tummelt, deren Arbeiten oft nicht oder nur ansatzweise überzeugen, wird das Gesamtbild verwässert. Letztlich findet sich im Hobby- und Amateurbereich aber wenig Neues. Vieles kennt man aus der Profiszene, oft bezogen auf weiter zurückliegende Stilepochen der Moderne. Dass so mancher Amateurkünstler auch durchaus kreativ aktuellste Realisierungstechniken einsetzt, wie Installationen, Performances oder multimediale Techniken, ist ein Phänomen, das näher betrachtet werden muss und einen wichtigen Maßstab für die Entwicklung der Profikunst darstellt. Es erfolgt eine „negative Rückkoppelung“, indem Errungenschaften der Profiszene in kurzer Zeit quasi kopiert, nachgearbeitet und damit nivelliert werden, was einen kritischen Blick auf die Entwicklung professioneller Kunst ermöglicht.

Kunsthistorische Relevanz 6.2

Die Entstehung und Brisanz der Modernen Kunst ist nur wirklich zu begreifen, aus den Notwendigkeiten der jeweiligen Epoche heraus. Die Künstler bezogen deutlich Gegenposition zu den Zuständen in der jeweiligen Zeit, provozierten und revoltierten, meist heftig bekämpft und verachtet. Traditionen werden über

Bord geworfen. Kunst zu machen bedeutete ein Außenseiter zu sein, sowohl einen kritischen Blick auf die gesellschaftlichen Zustände zu haben, als auch ihre individuellen Konzepte unmittelbar zu verwirklichen und sich von Traditionen zu lösen, um Neues realisieren zu können. Sie schufen bildhafte Erfindungen praktisch aus dem Nichts heraus, kritische Mahnmale und lebendige Utopien, überraschende Lösungen auch im rein optisch-ästhetischen Bereich.

In der ersten Hälfte des 20. Jahrhunderts war die Amateur- oder Laienkunstszene lediglich ein Randphänomen. Sicherlich hatten die Meister von Worpswede (Anfang des 20. Jahrhunderts) großen Zulauf von künstlerischen Laien, übrigens meist von Frauen, die damals noch nicht zu einem offiziellen Kunststudium zugelassen waren. Ansonsten war das engagierte, freie, künstlerische Gestalten im Laienbereich nicht verbreitet, Gestaltung weitgehend auf den Hobbybereich und die angewandte Kunst (Handwerk) beschränkt.

In der aktuellen Amateurkunstszene finden wir praktisch alle Darstellungsarten und Konzepte aus der Modernen Kunst wieder. Im Prinzip ist alles bekannt aus der Profiliga und der offiziellen Kunstgeschichte. Es gibt keine wirkliche aktuelle, soziale, gesellschaftliche oder kulturelle Relevanz. Alles wurde schon einmal gemacht und erprobt. Es werden auch keine Traditionen verlassen und Neuentwicklungen eingeleitet. Der klassische Expressionismus, Informel oder sogar Dadaismus haben längst ihre Sprengkraft verloren, sind lediglich noch historischer Fallout einer revolutionären Zeit des Umbruchs. In ihrer Wiederauferstehung in der Amateurkunst steckt keinerlei provokative Brisanz, womit die Arbeiten letztlich ohne Belang sind für aktuelle, zeitgenössische Kunst und ihre Fortentwicklung, in keiner Weise aber unwichtig für die Persönlichkeitsentwicklung des einzelnen Künstlers, wie noch näher ausgeführt wird. Amateurkunst bewegt sich also letztlich auf dem Gebiet des Kunsthandwerks, ist in gewisser Weise Art-Design oder Illustration, teilweise aber durchaus auf hohem gestalterischem Niveau. Sämtliche Arbeiten der Laienkunstszene, und zwar unabhängig von ihrer künstlerischen Qualität, definieren sich mehr oder weniger als epigonales Design. Damit ist aber keine Abwertung der künstlerisch-gestalterischen Leistung gemeint, lediglich die Einordnung in kunsthistorische Bedeutungsbezüge.

Möglicherweise deutet das Einfließen sämtlicher, künstlerischer Techniken in den Amateurbereich darauf hin, dass an vorderster Front der zeitgenössischen Kunst nicht wirklich Neues, Revolutionäres mehr geschieht. Zeitgenössische Kunst tritt auf der Stelle, wiederholt sich in immer neuen Variationen von bereits Gemachtem in Endlosschleife, eingeholt von der Amateurkunstszene durch Übernahme von Inhalten und Techniken.

Das kann ich auch 6.3

Was es den Amateurkünstlern im bildnerischen Bereich zusätzlich leicht macht, ein ausgeprägtes Selbstbewusstsein hinsichtlich ihrer Arbeiten zu entwickeln, ist ein breites Spektrum an künstlerischen Techniken in der Modernen Kunst, die handwerklich teilweise recht leicht nachzuahmen sind. Schnell will man zeigen, was man kann, organisiert Ausstellungen, will verkaufen. Hier tun sich Amateure aus dem Bereich der Musik schon wesentlich schwerer. Wohl niemand, der ein Instrument gelernt hat und zu virtuosem Spiel in der Lage ist, wird sich aufmachen und Konzerte geben wollen.

In der Bildenden Kunst ist das Postulat einer fundierten, handwerklichen Ausbildung längst gefallen, obwohl sich hin und wieder einzelne Künstler/innen dagegen auflehnen. Nach dem Vorbild des Foto- oder Hyperrealismus der 1970er Jahre bemühen sich auch aktuell immer mehr Künstler, vorzugweise in der Amateurkunst, um eine ausgefeilte Handwerklichkeit, schwerpunktmäßig in realistischen Darstellungsweisen. Es scheint eine große Sehnsucht nach sichtbarem „Können" in der Bildenden Kunst um sich zu greifen, obwohl dies konzeptuell und quantitativ in der Zeitgenössischen Kunst praktisch keine Rolle mehr spielt. Je weniger nachvollziehbar die Wertigkeit von Produkten der anerkannten, hochpreisigen Kunst ist, desto schneller wird sich der Amateur aufgerufen fühlen, mitzumischen, sieht er doch keinen gravierenden Unterschied zu seinen eigenen Arbeiten, ganz nach dem Motto: „Das kann ich auch". Gesehen wird lediglich das Endergebnis, nicht aber der Entwicklungs- und Bewusstseinsprozess, der dahinter steckt, nicht der aktuelle Zeitbezug und die Einbettung in Strömungen und Trends.

Im Grunde geht es aber nicht um einen Wettstreit mit den Profikünstlern. Eine gestalterisch-künstlerische Tätigkeit ist ausgesprochen erfüllend und persönlichkeitsbildend. Immer mehr Menschen treten durch die Kunst aus dem Schatten eingeengter Lebensstrukturen heraus. Im Grunde findet hier auf breitester Ebene, quer durch alle gesellschaftlichen Schichten, eine Befreiung von angestammten Rollen, Verpflichtungen und Normen statt, ganz nach dem Vorbild der „großen" Kunst in gesellschaftlichem Rahmen, die seit 100 Jahren Befreiung und Neuschöpfung vorgelebt hat. Das Prinzip der Bewusstseinserweiterung und gesellschaftlicher Veränderung ist auf globaler Ebene möglicherweise weitgehend abgeschlossen. Jetzt schlägt die Wirkung zum Individuum durch und die Methoden der Modernen Kunst werden ausgesprochen erfolgreich auf die Persönlichkeitsentwicklung herabtransponiert. Das sind die letzten „Nachbeben“ einer gewaltigen Eruption in der Kunst des 20. Jahrhunderts. Die Revolution hat Einzug gehalten in die Wohnstuben des Kleinbürgertums und besetzt unter Beifall den öffentlichen Raum. Möglicherweise ist es an der Zeit, dass sich die Kunst an vorderster Front neu orientiert. Aber - noch kein Land in Sicht – oder? Die Dokumenta-15 (2022) setzt neue Impulse!

Die Magie des Originals 6.4

Ein weiterer Faktor für die rasante Entwicklung der Amateurkunst sind die extrem hohen Preise, die man für professionelle Kunst aufwenden muss. Selbst Serigrafien bekannter Künstler, teilweise in einer Auflage von mehreren hundert Stück, sind nur für viel Geld zu bekommen, Unikate praktisch unerschwinglich. Beim potentiellen Kunstkäufer steht das Original als Unikat aber hoch im Kurs, nicht nur in der „High-Level-Szene“. Um das Bedürfnis nach Originalen zu stillen, weicht der Kunstinteressent notgedrungen auf Amateurkunst aus. Sich mit teils hochwertigen Kunstdrucken oder Kopien von berühmten Kunstwerken zu „trösten“ wird meist als eine Notlösung empfunden. Auf dem Markt der Amateurkunst stimmen die Preise, die Qualität ist ansprechend und es finden sich zu fast allen Kunststilen der Moderne entsprechend Bilder oder Plastiken in allen Variationen, teilweise ausgesprochen originell und kreativ gearbeitet, vor allem einzigartig, handgemacht und signiert.

So ist die Anzahl derer, die eine künstlerische Gestaltung in ihrer Freizeit oder nebenberuflich und mehr oder weniger semiprofessionell betreiben, in den letzten Jahrzehnten überproportional in die Höhe geschnellt. Eine Vielzahl an privaten Kunstschulen, Künstlerkursen, Volkshochschulen, Kreativurlaubsangeboten und Teilzeit- und Sommerakademien bieten ein breites Programm für jedermann an. Hier wird gemalt und gezeichnet, gebildhauert, getöpfert und fotografiert, für jeden Geschmack ist etwas dabei. Problematisch ist vielfach das Bestreben dieser Einrichtungen, den Teilnehmern die Illusion zu vermitteln, dass sie mit ihren Arbeiten in der Öffentlichkeit auftreten könnten, dass ein tragfähiger und interessierter Markt vorhanden wäre. Es gehört durchaus zum Ausbildungsprogramm, wie man Ausstellungen veranstaltet, Werbung betreibt und sich möglichst attraktiv verkauft. Zugegeben, Kunstwerke wollen gesehen werden, wollen kommunizieren und letztlich auch den Besitzer wechseln, was auch in der Amateurszene durchaus gelingt. Ein erfolgreiches Geschäftsmodell darauf aufzubauen ist meist aber nicht möglich. Und was ist, wenn der Künstler zu Lebzeiten es nicht geschafft hat, sich einen Interessentenkreis und einen funktionierenden Markt zu erschließen? Wohin mit all den gestalterischen Arbeiten aus einem Nachlass, Garagen voller Skulpturen, Dachböden voll Zeichnungen und Bilder, verlassene Ateliers. Billig verkaufen, verschenken, der nächsten Generation vermachen oder gleich entsorgen? Lösungen sind immer individuell gelagert, sollten aber möglichst die real existierenden Absatzmöglichkeiten berücksichtigen.

Man mag an dieser Stelle zu Recht fragen, ob es sich bei all den Machwerken jenseits der offiziellen Kunstszene überhaupt um Kunst handelt, oder ist alles Epigonentum, wenig originell, unausgegorene Wichtigtuerei, Kitsch und im besten Fall brauchbare Dekoration, wie häufig von professioneller Seite her abwertend behauptet wird. Letztlich sind auch diese Arbeiten Ausdruck einer beachtenswerten, individuellen Kreativität des Einzelnen, wenn auch auf einer Bedeutungs- und Handelsebene, die deutlich unterhalb der High-Level-Ebene der professionellen Kunst angesiedelt ist. Dafür sorgen in einer konzertierten Aktion alle Organe der Profiszene ausgesprochen effektiv! Damit ist die Position der semiprofessionellen, amateurhaften Kunst festgelegt, nicht unbedingt aber die Qualität der einzelnen Arbeiten.

Therapie, Persönlichkeitsentwicklung, Selbstfindung 6.5

Das individuelle, gestalterische Arbeiten ist eine ausgesprochen effektive Möglichkeit, sich schöpferisch, kreativ auszudrücken, diese einmalige Potenz der Spezies Mensch zu entfalten. Die moderne Arbeitswelt bietet dazu nur wenig Spielraum. Der psycho-hygienische Aspekt einer gestalterisch-künstlerischen Tätigkeit für das Individuum darf keineswegs außer Acht gelassen werden. Er ist Dreh- und Angelpunkt in jeder kreativen Betätigung. Dies bezieht sich aber nicht nur auf die Bildende Kunst. Tausende Laien sind mit viel Engagement und erstaunlichen Fähigkeiten z.B. im Bereich der Musik, der Literatur, des Tanzes oder im Theaterbereich tätig, wenn auch in diesen Bereichen von den Laienkünstlern die Grenzen zum Profibereich meist eingehalten werden, während in der Bildenden Kunst schnell Präsentationsflächen gesucht werden. Eine künstlerische Tätigkeit dynamisiert den Entwicklungsprozess des Menschen in hohem Maße, ist Selbstfindung und Reflexion zugleich, schafft Harmonie und Erfüllung. In der Bildenden Kunst eigenen sich besonders expressive Malweisen, Experimente mit unterschiedlichsten Materialien und Techniken, Abstraktion oder gestische Malerei hervorragend, da sie sich von starren, tradierten Positionen entfernen. Erst durch die Überwindung alter Positionen ist auch in der Persönlichkeitsentwicklung ein Fortschritt möglich. In dem Maße, wie Kunststile die Bewusstseinsentwicklung der Menschen im 20. Jahrhundert abgebildet, widergespiegelt und befördert haben, sind sie nun Werkzeuge in der Hand des Einzelnen, des Autodidakten, eine ganz individuelle Entwicklung zu befördern. Auch schafft die gesellschaftspolitische Situation, zumindest in den wohlhabenden, westlichen Staaten, große Freiräume für kulturelle Betätigung aller Art. Im Kontrast dazu kann man auch die teils massiven Einschränkungen künstlerischer Äußerungen in so manchen faschistoiden Gesellschaften beobachten. Kunst macht frei, nicht nur die offizielle, professionelle Kunst und schon Beuys postulierte – *„Jeder Mensch ist ein Künstler" (meint: ein Kreativer!)* [6]

Schließt man nun die kommende Entwicklung hin zu immer mehr Digitalisierung ein, Wegfall Tausender Arbeitsplätze, Ausdehnung des Bereiches Freizeit, wird wohl die Attraktivität künstlerisch-gestalterischer Betätigung immer weiter sprunghaft ansteigen. Das „Kunstmachen“ befreit von dem Zwang der Erfolgsrückkoppelung auf werteinlösenden Ebenen, wird zu einer elementaren Sinnäußerung kreativer Impulse und damit wahre Menschenbildung, ein Ort, wohin aber kein noch so umfänglich programmierter Computer jemals vordringen kann. An dieser Stelle sei verwiesen auf das visionäre Buch von Daniel Rebhorn: „Digitalismus“ [30].

Gemessen an den epochemachenden Konzepten der Profikunst in den letzten 100 Jahren, haben die Produkte der Laien- und Amateurszene in der Kunst keine effektive, kunsthistorische Relevanz. Hinter den Werken stehen Konzepte, die bereits ausgelotet und erschöpfend durchgearbeitet worden sind. Auf dem offiziellen Kunstmarkt ist niemand wirklich interessiert an immer neuen Variationen des Bekannten, bereits Gemachten und sei es noch so originell.

Inzwischen haben sich in großem Stil für Amateur- und Laienkunst landauf, landab Ausstellungsmöglichkeiten etabliert in Städtischen Galerien, Bankfoyers, in Ämtern und Krankenhäusern, Cafés und Hotels oder kleinen Privatgalerien, teilweise begeistert vom Publikum aufgenommen. Damit erschließt sich ein regional durchaus florierender Markt für Amateurkunst aller Art. Wem es nicht auf den Künstlernamen ankommt, wer nicht den Nimbus eines teuren Originals braucht, nicht auf Aktualität, Bedeutung und bestätigte Marktpreise Wert legt, wer lediglich eine überzeugende, gestalterisch gut gemachte Arbeit erwerben will, der bedient sich auf dem Markt der semiprofessionellen Künstler. Hier findet der Handel meist direkt zwischen Künstler und Käufer statt, die Preise sind moderat, die Qualität ansprechend.

Das Ziel vieler Amateurkünstler ist es aber, trotz realistischer Sicht auf Bedingungen des Profimarktes, letztlich den Sprung in den „High-Level-Kunstmarkt" doch irgendwie zu schaffen, was aber fast nie gelingt.

Ohne eine Ausbildung an einer staatlichen Kunstakademie bei einem berühmten Professor nachweisen zu können, ohne Meisterklasse, Auszeichnungen,

Preise, Empfehlungen und größere Ausstellungen machen sich die meisten, renommierten Galerien nicht einmal die Mühe, vorgelegte Arbeiten überhaupt zu begutachten. Galeristen legen großen Wert auf eine kontinuierliche, existentielle Auseinandersetzung mit der Kunst, auf prozesshaftes Arbeiten über lange Zeiträume hinweg, über sichtbare Entwicklung, Handschrift und Alleinstellungsmerkmal und eine möglichst hohe Passgenauigkeit zu ihrem eigenen Netz an Kunstinteressenten und vor allem Sammlern. Hier muss Geld verdient werden, was angesichts der Konkurrenz in der Szene eine Herausforderung darstellt. Die Struktur der aktuellen Galerieszene baut auf bekannte Namen, auf eine bedingungslos verkaufsorientierte Perspektive, eingebunden in das Diktat eines preislich überproportional aufgeblähten Kunstmarktes. Dies wird von vielen Künstlern, die keine akademische Laufbahn aufzuweisen haben, oder sich trotz Studium nicht durchsetzen konnten, als ungerechte Stigmatisierung empfunden, zu Recht, sind es doch nicht mehr die reine Qualität des künstlerischen Werkes, sondern marktorientierte Metaebenen, einflussreiche Netzwerke und Deckungsgleichheit mit der aktuellen Zeitströmung, die über Erfolg und Misserfolg entscheiden.

Ein weiteres Manko in der Bedeutung der Amateurkunst ist die Vermischung mit der Hobby- und Volkskunstszene, welche oftmals über dieselben Präsentationsflächen an die Öffentlichkeit drängt. Hier werden mit viel Hingabe Bildwerke geschaffen, die zu Dekorationszwecken oder als Ausdruck innerer Gemütszustände und Bewahrung von Traditionen durchaus ihre Berechtigung haben, nicht nur für den Schöpfer selbst, sondern und in besonderem Maße für den entsprechend interessierten Betrachter oder Konsumenten. Meist erfolgt eine Orientierung an ästhetisch harmonischen, gegenständlichen und dekorativen Stilen und an Naturmotiven. Die handwerkliche Ausführung ist qualitativ sehr unterschiedlich, oft klischeehaft, meist aber hoch emotionalisiert. Speziell für anspruchsvolle Volkskunst mit Tradition existiert durchaus eine konstante Nachfrage.

Handwerk und Können 6.7

Aus dem Geist des Dadaismus Anfang des 20. Jahrhunderts heraus verliert sich der Aspekt einer traditionell wertigen, haltbaren und soliden handwerklichen Umsetzung zunehmend. Auch die Verwendung klassischer Darstellungstechniken stand auf der Abschussliste dieser „Antikünstler“, die mit Manifesten und Aktionen die Zerstörung alter Werte in der Kunst forderten und auch praktizierten. Das verwendete Material zieht sich hinter das Konzept zurück, ideologische, programmatische und philosophische Inhalte treten in den Vordergrund, Verunsicherung und Provokation werden als Stilmittel eingesetzt. Auch der individuelle, künstlerische Eingriff wird relativiert, wie in den „Ready-mades“ von Marcel Duchamp. Die Intensität einer künstlerischen Arbeit wird weitgehend bestimmt durch eine gedankliche Konzeption, durch einen aktuellen, kritischen Zeitbezug und die radikale Ausprägung individueller Ausdrucksweisen. Der Künstler ist immer weniger Handwerker, der eine Tradition aufrechterhält und weiter entwickelt, vielmehr Philosoph, Weltverbesserer, Moralist. Mit erhobenem Zeigefinger konfrontiert er die Betrachter seiner Werke mit symbolträchtigen Konstrukten, happeningartigen Abläufen, Videosequenzen oder theoretischen Manifesten, durchaus aber auch noch mit Tafelbildern,

Skizzen, Materialmontagen. Objekt und Skulptur setzen sich insofern davon ab, als hier noch meist auf eine materialgerechte und solide Umsetzung besonderen Wert gelegt wird. Selbst die inhaltlich so flüchtig und oberflächlich erscheinenden Arbeiten eines Jeff Koons sind mit enormem, handwerklichem und materiellem Aufwand hergestellt, wenn dies auch spezialisierte Werkstätten für ihn erledigen.

In einem großen Teil der aktuellen Kunstszene wird aber durchaus noch Wert gelegt auf saubere, handwerkliche Ausführung, vor allem Haltbarkeit, besonders bei Plastiken und Objekten, wobei natürlich auch moderne Materialien zum Einsatz kommen. Teilweise ist für eine professionelle, handwerkliche Umsetzung ein Heer von Helfern und Assistenten zuständig. Das klassische Künstlerbild des genialen, exzentrischen Einzelgängers an der Staffelei, umgeben von Farbtuben, Pinseln und Paletten im kreativen Chaos eines lichtdurchfluteten Ateliers ist ein Relikt aus dem 19. Jahrhundert und gehört deswegen aber noch lange nicht der Vergangenheit an.

Neue Kunstbegriffe prägen zwar die Szene, Experimentelles, Spekulatives, Provokatives. Aber es wird, allen Unkenrufen zum Trotz, immer noch viel gemalt und gezeichnet. Neben Installationen und Performances hat das Tafelbild seinen angestammten Platz behauptet, hat es doch den entscheidenden Vorteil, als Objekt greifbar und somit als Ware relativ einfach handelbar zu sein.

In den letzten Jahrzehnten ist auf dem Kreativsektor eine gewaltige Bilder- und Objektschwemme aufgelaufen, für die weder ausreichend Ausstellungsmöglichkeiten noch ein relevanter Markt existiert. Selbstverwirklichung steht hoch im Kurs. Junge Menschen drängen in die Kunstakademien oder designorientierte Berufe. Eine künstlerische Betätigung neben der Routine des Berufslebens ist willkommene Ergänzung und Horizonterweiterung, ein Stück Persönlichkeitsentfaltung. Letztendlich drängt ein jedes gestalterische Werk nach Kommunikation, will gesehen werden, was letztlich auch Vermarktung mit einschließt. Kunst will aktiv werden. Wie Gedanken zum Handeln führen, ein Plan zur Verwirklichung, so drängt Kunst in die Wahrnehmung und damit in die Reaktion und es ist nicht entscheidend, ob hier Beifall und Verständnis wartet oder Konfrontation und Widerstand.

art

7.0 Der „Spirit“ in der Kunst

Bleiben wir einmal auf dieser Spur. Welche Kraft in uns Menschen ist es, die so mächtig zu kreativen, erneuernden Äußerungen drängt? Wo kann man sie ansiedeln, wie fördern. Damit geraten wir in einen Bereich, der in erster Linie von der Psychologie, den Neurowissenschaften oder philosophisch-spirituellen Strömungen erforscht wird.

Kunst entspringt einer Fähigkeit des Menschen, die ihren Ursprung offensichtlich in geistigen Prozessen hat, die sich nicht auf das rein Intellektuelle oder Pragmatische beschränkt und die sich auch nicht vollkommen in geplanten, schulischen Prozessen erlernen lässt: Intuition, Imagination, Kreativität und Fantasie. Dafür lassen sich keine spezialisierten Gehirnareale ausweisen. Es scheinen Fähigkeiten zu sein, die in all unserem Denken und Handeln vorhanden sind, mehr oder weniger aktiviert.

Albert Einstein schrieb seine eigene, außergewöhnliche Leistung auf dem Gebiet der Physik zwei Dingen zu: *Vorstellungskraft und Fantasie*. Sie seien wichtiger als jedes Wissen. *Nur durch sie könnten menschliche Wesen „Göttern“ ähneln und zu den Sternen sprechen* [7]. Auch in den Künsten hat der

Mensch die Möglichkeit, aus der Gebundenheit an Automatismen, Gewohnheiten und routinierten Abläufen heraus zu treten, Neues zu entdecken, auch zu seinem eigenen Erstaunen. Er löst sich von aller praktischen Notwendigkeit und Nützlichkeit und beginnt in individueller Freiheit sich selbst und die Welt neu zu gestalten. Kunst macht „Unsichtbares", in der Fantasie Verborgenes, für alle sichtbar, erlebbar. Visionen, imaginäre Konzepte und Utopien manifestieren sich in einem materiellen Ausdruck (Wort, Bild, Ton, Bewegung etc.). Kunst „kristallisiert" Gedanken und Visionen zu realen Objekten und Vorgängen, die danach streben, etwas Neues hervorzubringen, durch „begreifbare" Sinnbilder kreative Veränderung anzuregen oder einfach sinnlichen Genuss verschaffen.

Der Mensch kann als Wesen mit Bewusstheit aus Distanz heraus seine Realität betrachten, kann über die unmittelbaren Notwendigkeiten hinaus an Zukunft denken und damit an Veränderbarkeit und Entwicklung aktiv mitarbeiten. Durch die Fähigkeit zu Reflexion ist spontane, flexible Anpassung möglich. Nach dieser Definition haben die *„malenden" Affen eines Arnulf Rainer* [31] keine Kunst produziert und auch die „kunstvollsten" Nestbauten von Vögeln haben nichts mit Kunst zu tun, sind eine Spielart der Natur.

Begriff, Transparenz, Bedeutung 7.1

Seit der Erforschung der menschlichen Psyche durch die Psychologie und Psychotherapie arbeiten unterschiedliche Wissenschaften daran, Licht in das „Dunkel" unserer „Seele", der Gedanken, unseres Geistes, dieser materiell nicht wirklich fassbaren Ebene, zu bringen. Waren es bei den antiken Kulturen noch Göttergestalten, Einflüsse aus okkulten Jenseitsbereichen, verlegt Sigmund Freud den Fokus in einen Teil unserer Psyche, dem Unterbewusstsein, und C.G. Jung erweitert die Wahrnehmung auf die Existenz von Archetypen.

Den Antrieben künstlerischen Schaffens kommt man dann näher, wenn man sich nicht nur im rein Physikalisch-Materialistischen aufhält. Allein schon der Begriff des Geistigen wird je nach Perspektive ganz unterschiedlich definiert. Aus der Sicht eines rein naturwissenschaftlich orientierten Menschen sind geistige Vorgänge lediglich das Ergebnis physiologischer, chemischer Prozesse des Gehirns, unseres Nervensystems, ein Fallout messbarer, organisch gebundener Vorgänge. Ist der Körper tot, erlischt auch jegliche Geistfunktion. Andere Denkmodelle gehen über das an einen Körper Gebundene hinaus, Religionen, Magie und Mystik, aber auch Grenzwissenschaften wie die Parapsychologie und Paraphysik. Dort geht man von der Existenz übersinnlicher Quellen aus, aus denen der Mensch als geistiges Wesen schöpft. Für die Quantenphysik ist gar alles Energie, Schwingung, ein gigantisches Feld an Informationen und die Materie lediglich eine Umwandlung, eine Verdichtung, eigentlich als feste Substanz überhaupt nicht existent.

Kunst als greifbarer, sichtbar machender Vorgang, ist an der Schnittstelle von Geist und Materie angesiedelt, schöpft offensichtlich auch aus dem Unsichtbaren, Unbewussten. Viele Stile der Modernen Kunst arbeiten mit unbewussten, spontan exzessiven Antrieben als Motor für künstlerische Gestaltung, besonders deutlich sichtbar im Actionpainting, dem Informel oder inhaltlich, thematisch im Surrealismus. Dennoch ist ein künstlerischer Prozess immer auch mit Elementen bewusster Steuerung, mit Kontrolle und erlernten Fähigkeiten verbunden, wenn auch nicht immer sofort als solcher erkennbar.

Hinter allen gestalterischen Aktionen zeigt sich immer ein lenkendes, formgebendes „Programm“, wenn auch oft nicht direkt greifbar, aber doch permanent aktiv eingreifend. Die Künstler unterbrechen z.B. den fließenden, oft unbewussten Gestaltungsprozess meist dann, wenn ein „stimmiger“ Zustand erreicht ist, der in den meisten Fällen etwas mit Komposition zu tun hat. So recht erklären können sie es nicht. Es drückt sich durch Gewissheit und ein Gefühl der Zufriedenheit aus.

Hinter all den Aktionen läuft also ein Programm, Entscheidungen, die aus dem Unterbewusstsein in Echtzeit aufsteigen. Und wir wissen aber heute, dass es nicht in erster Linie von unserem Verstand losgelöste, imaginäre Eingebungen oder übersinnliche Impulse sind, die kreative Handlungen steuern, sondern auch ganz handfeste, erlernte Strukturen. Auch Mozart kam nicht als fertiges Kompositionsgenie auf die Welt! Vorbilder, Übung, Ausdauer und Disziplin waren entscheidend. Kreative, gestalterische Aktionen laufen immer sicherer und zielorientierter ab, je mehr spezifische Erfahrungen angehäuft werden. Nicht von der Hand zu weisen ist aber der Einfluss von sogenannten Begabungen, wohl angeborene, besonders geschärfte Sensibilitäten für bestimmte Bereiche. Diese drücken sich meist darin aus, dass bestimmte Fertigkeiten wesentlich schneller, sicherer und nachhaltiger erlernt werden können. So greift offensichtlich eine zeichnerische Begabung auf die Fähigkeit zurück, in der Vorstellungskraft konkrete Bilder erzeugen zu können, deutlich formdefiniert und anhaltend, die dann quasi im Akt des Zeichnens nur noch auf Papier übertragen werden müssen, was aber als Technik durchaus erlernt und geübt werden muss. Es ist also auch in der Kunst immer eine Kombination aus Planung, Erfahrung und Kontrolle einerseits, andererseits fallen Entscheidungsprozesse, die uns nicht voll bewusst sind, die aus dem Unterbewusstsein aufsteigen und schließlich spielt auch Begabung eine gewisse Rolle.

7.2 Abstraktion und Reduktion

Abstraktion und Reduktion sind Ausdrucksarten eines gedanklichen Vorganges, Ergebnis einer systematischen Rückführung von komplexen auf einfache Grundmuster. Diese sind aber mit dem physischen Auge nicht unmittelbar sichtbar, selten in der Natur in Reinform auffindbar, sind Imaginationen, geistige Bilder und Formen, die dann in einem gestalterischen Prozess umgewandelt werden in sichtbare Elemente.

Der Künstler dringt in eine Metaebene der Wahrnehmung vor, blickt quasi hinter die Kulissen der komplexen, materiellen und greifbaren Oberfläche der Dinge. Alles reduziert sich auf immer einfachere Strukturen, was ein rein gedanklicher Vorgang ist. Die vielfältige Erscheinungsform der äußeren Realität verschwindet nach und nach, verdichtet sich zu symbolischen Bildern, die dann in einem gestalterischen Akt sichtbar gemacht werden.

Derartige Bestrebungen finden sich überraschenderweise schon bei alten Kulturen. Die Menschen haben offensichtlich schon immer nach einem verborgenen Grundraster hinter der Materie gesucht und haben Muster, Symbole und vereinfachte Formen erahnt und auch visualisiert. C.G. Jung würde hier von Archetypen sprechen, Grundstrukturen menschlicher Vorstellungs- und Handlungsmuster. In den unterschiedlichsten Stilen der Modernen Kunst finden sich vielfältigste Beispiele.

Gerade die Kunst hatte Jahrhunderte lang die Aufgabe, neben der greifbaren Umwelt und all ihren Erscheinungen auch übersinnliche Zusammenhänge bildhaft darzustellen. Hier war die besondere Imaginationsgabe der Künstler gefragt. In den meisten Religionen finden wir reichlich Abbildungen und Darstellungen von Wesen und Kräften, Räumen oder Geschehnissen aus dieser rein fiktiven Welt. Menschen wollen aber immer greifbare „Beweise“ haben, wollen sehen, tasten, schmecken und hören und der Künstler liefert Bilder, Figuren, Bildräume, Töne, Bewegungen usw.

Die Moderne Kunst verbündet sich im 19. Jahrhunderts einerseits mit der innerpsychischen Realität eines jeden Einzelnen, erforscht durch Psychologie und Psychotherapie. Sie bedient sich aber auch der Methoden einer schnell expandierenden Wissenschaft: Reduktion auf kleinste Einheiten, Fokusierung auf Ausschnitte und immer kleinere Einzelphänomene (Zellen, Atome etc.), was immer auch Abstraktion ist, womit wir es mit einem allgemein sich ereignenden Bewusstseinsphänomen zu tun haben. Somit reagiert Kunst konkret auf den Zeitgeist, den Entwicklungsstand der Menschen in der jeweiligen Epoche.

Kunstwerke können uns auf Ebenen erreichen und bewegen, die jenseits des logischen Verstandes verortet sind, durch Bilder, Strukturen, Symbole, Metaphern. Hier verborgen liegt vielfach die Faszination, Begeisterung und Hingabe Kunst gegenüber. Nicht selten umgeben sich Künstler bewusst mit Mythen (Individuelle Mythologien), wenig greifbaren Konzepten, Utopien und teils skurril anmutenden Konstruktionen. Auf diese Weise markieren sie ihre

Sonderstellung zwischen Materie und Spirit, zwischen Realität und Utopie, vielfach skeptisch betrachtet, als Exzentriker oder gar Spinner angesehen. Kunst filtert quasi die Realität durch einen individuellen, geistigen Schöpfungsprozess, eingewoben in ein freies, kreatives Spiel ohne die Verpflichtung, Nützliches und unmittelbar Praktisches hervor bringen zu müssen. Die Intensität und Wichtigkeit der Werke beweist sich letztlich in ihrer Wirkung auf die Potenz zur Veränderung des Bewusstseins des „Konsumenten". Ihre „Lesbarkeit" (Dekodierung) ist aus der Zeit heraus oft nicht immer möglich, da es sich vielmals um einen Vorgriff in der Entwicklung des Bewusstseins der Allgemeinheit handelt. In der Moderne gilt Kunst so zunehmend als kritisch und provokant, unangenehmer Spiegel von aktuellen Zuständen, wenn auch meist bildhaft verschlüsselt und nicht unmittelbar politisch fordernd.
Seine volle Wirkung und Funktion entfaltet Kunst aber nur in freien Gesellschaften, die ihr eine weitgehend unberührte, wenig kritisierte Nische einräumen. Dem zugrunde liegt die Erfahrung, dass es meist die unerwarteten, ungewohnten, oft irritierenden Impulse einzelner Menschen sind, die unser Denken und Handeln voranbringen und als Bereicherung angesehen werden. In totalitären Gesellschaftsformen ist das anders. Kunst wird eher als Gefahr gesehen („entartete Kunst" im Dritten Reich, oder der "Sozialistische Realismus"). Kunst wird dann vielfach missbraucht als Propagandainstrument, gekoppelt an Ideologien.

Die Akte Beuys 8.0

Der Autor hat es bisher weitgehend vermieden, konkret auf einzelne Künstler/innen Bezug zu nehmen, um den Blickwinkel nicht auf spezielle Kunststile und Persönlichkeiten zu verengen. Im zweiten Teil dieses Buches konkretisiert der Autor nun seine Ausführungen an einem der bekanntesten, aber auch umstrittensten Künstler Deutschlands, *Joseph Beuys*.

Warum gerade Beuys 8.1

Wie kein anderer Künstler ist Beuys umstritten, Leben und Werk schwer zugänglich. Die einen verehren ihn als den bedeutendsten Künstler der Postmoderne, andere lehnen ihn ab und halten ihn für einen Scharlatan. Die offizielle Kunsttheorie hält einen umfangreichen Katalog an Analysen des Beuysschen Werkes bereit, die im Prinzip nicht hinterfragt werden und sein Werk in kunstgeschichtlichen Zusammenhang fest verankern.

Der Autor dieses Buches hat sich lange intensiv mit dem Beuysschen Werk auseinandergesetzt, ist Beuys selbst in den 1970er Jahren begegnet und wurde, wie viele andere, von Werk und Person in Bann gezogen. Damals blieb wenig Raum für Kritik, für ein Hinterfragen oder gar Infragestellen seines künstlerischen Schaffens. Beuys fasziniert und dies bis heute. Wirklich verstanden wurde er aber nie, auch nicht in Fachkreisen, was inzwischen von einigen Fachautoren bestätigt wird. Selten kann man an einem Künstler so deutlich die Mechanismen aufzeigen, wie es bei Beurteilung und Positionierung zu gravierenden Fehlinterpretationen kommen kann. Bis heute wird nicht akzeptiert, dass das gesamte Beuyssche Werk auf einem prägenden, alles dominierenden, ideologisch orientierten Background basiert: *Der Anthroposophie Rudolf Steiners.* Ohne Kenntnisse der esoterischen-okkulten Kerninhalte der Anthroposophie ist ein wirklicher, relevanter Zugang zum Beuysschen Werk nicht möglich, wenn man einmal von einigen wenigen Arbeiten absieht, die offensichtlich unmittelbar erkennbare Kritikansätze an gesellschaftlichen Strukturen, Ökologie und Umgang mit der Natur beinhalten (z.B. 7000 Eichen [32]).

8.2 Fachliteratur

Das Beuys´sche Werk ist in der einschlägigen Fachliteratur vielfältig aufgearbeitet, dokumentiert und interpretiert, meist aber von Personen, die Beuys kannten und zu seiner Anhängerschaft zählten, also oft überzeugte Anthroposophen waren. Ihnen ist das Beuyssche, künstlerische Konzept eine schlüssige Umsetzung anthroposophischer Kerninhalte in gestaltetem Material: Objekte, Bilder, Aktionen. Damit ist eine gewisse Befangenheit in Interpretation, Schilderung und Aussage anzunehmen. Einem Publikum ohne anthroposophische Kenntnisse ist damit aber nicht gedient!

Erst die große BEUYS Biografie von Hans-Peter Riegel aus dem Jahre 2013, inzwischen in einer dritten, erweiterten Auflage erschienen (2018), nähert sich Beuys vorbehaltlos und sucht dessen Leben und Werk sachlich und weitgehend frei von Mystifizierung, Heroisierung und biografischen Verzerrungen zu erforschen. In den folgenden Kapiteln greift der Autor auch auf Aussagen und Darstellung von H.P. Riegel zurück.

Beuys neu denken 8.3

An dieser Stelle soll aber keinesfalls Leben und Werk von Beuys abermals aufgerollt werden. Keine neue Beuys-Biografie! Über Beuys ist das Urteil in der Kunstszene längst gefallen. Er ist stabil verankert als Großmeister der Postmoderne, Star der Fluxus- und Aktionsszene der 1960er Jahre. Hier soll versucht werden, diese Einordnung zu hinterfragen. Es geht nicht um eine Demontage und Entwertung des Beuysschen Werkes, sondern um eine korrekte Einordnung auf der Basis eines substantiellen Verständnisses.

Die Absicht dieses Buches ist es, ein pädagogisches Konzept vorzulegen, das Beuyssche Werk endlich zugänglich zu machen. Die Akzeptanz und Bedeutung ist aber zentral davon abhängig, ob man die anthroposophische Weltsicht akzeptieren kann und ob es prinzipiell im Kunstgeschehen der Moderne ein relevanter Ansatz ist, ausschließlich aus einer bestimmten Ideologie heraus zu agieren und dies nicht offen zu legen und dadurch einen klärenden Zugang zu verhindern. Folgt man der offiziellen Erklärstruktur für das Beuyssche Werk kann eine Richtigstellung nicht gelingen. Die Sympathie von Beuys für die Anthroposophie wird zwar nicht geleugnet. Die fundamentale Bedeutung für sein gesamtes Werk wird aber nicht erkannt.

Es ist letztlich dem Leser überlassen, ob er bereit ist, Beuys von dessen Quelle her für sich neu zu erschließen, sein eigenes Bild von Beuys zu korrigieren und so möglicherweise einen realistischen, tragfähigen Zugang zu finden. Da dies mit einer weitgehenden Entmystifizierung und Entheroisierung des Gesamtwerkes verbunden sein wird, kann es durchaus dazu führen, das künstlerische Werk auf die“ hinteren Plätze“ zu verweisen, besonders wenn man die anthroposophische Weltsicht nicht akzeptieren kann und die zentrale Ausrichtung des Gesamtwerkes daran als künstlerisch fragwürdig ablehnt. Das Alleinstellungsmerkmal von Joseph Beuys steht auf dem Spiel!

8.4 Der „Fall“ Beuys

Sämtliche Erklärungsversuche des Beuysschen Werkes zeigen ohne den anthroposophischen Background in eine falsche Richtung. Es wird eine Herleitung aus der neodadaistischen Strömung in den 1960er Jahren (Happening, Aktion, Fluxus…) versucht. Oberflächlich betrachtet fügt sich Beuys durchaus als kreativer Entertainer in dieses Geschehen ein. Inhaltlich muss dies aber misslingen, solange man den anthroposophischen Background nicht in vollem Umfang mit einbezieht.

Die Zugehörigkeit zu einer Religion, Weltanschauung oder Philosophie ist an sich Privatsache, das soll hier nicht angetastet werden. Problematisch wird es, wenn das gesamte Werk eines Künstlers umfänglich und substantiell nur zu verstehen ist, wenn man seinen wesentlichen Background kennt. Warum verschleiert Beuys selbst diesen Bezug so hartnäckig? Warum bezieht die Kunsttheorie diesen Aspekt nicht umfänglich mit ein? Warum ist in kunstgeschichtlicher Verortung davon keine Rede, oder nur ansatzweise?

Zwei wesentliche Aspekte tragen dazu bei. Einmal sind fundamentale Kenntnisse anthroposophischer Inhalte, besonders der esoterischen, okkulten, allgemein nicht bekannt, werden lediglich in den Zirkeln anthroposophischer Kreise erarbeitet. Zum anderen würde die Abhängigkeit des Beuysschen Werkes von anthroposophischem Gedankengut ihn als Freigeist, authentischen Schöpfer seiner Ideen, seines künstlerischen Konzeptes, gefährden.

Nähert man sich allerdings auf der Basis der anthroposophischen Weltsicht dem Beuysschen Werk, sind alle Sparten eindeutig und schlüssig zu erklären: Zeichnung, Objekt, Aktion, Theorie und Lehre. Lüftet man diesen geheimnisvollen, mystischen Schleier und legt die „Spielkarten“ offen auf den Tisch, haben wir es mit einem in sich logischen, inhaltlich und strukturell nachvollziehbaren Konzept zu tun. Jetzt fügt sich alles zu einem kohärenten Ganzen zusammen, in Inhalt und Erscheinungsform transparent und griffig und dies selbst, wenn man sich der anthroposophischen Weltsicht nicht anzuschließen vermag. Identifikation ist nicht notwendig, Interesse reicht aus.

Es ist aber nicht damit getan, nur darum zu wissen, dass ohne Anthroposophie Beuys im Grund nicht umfänglich verstanden werden kann. Ohne eingehende Kenntnisse der wesentlichen Grundinhalte, vor allem der spirituellen-okkulten, ist ein Zugang nicht wirklich möglich. Wir haben es hier also mit einem gut gesicherten Zugangsportal zu tun. Wer das Passwort (*Steiner.Rudolf*) nicht kennt, darf nur mit verbundenen Augen eintreten. Voraussetzung ist also, dass der Betrachter über wichtige Kenntnisse der Anthroposophie Rudolf Steiners verfügen sollte.

Aber warum hat es nun Beuys selbst so nachhaltig vermieden, darauf hinzuweisen, dass sein gesamtes Werk nur wirklich entschlüsselt werden kann, wenn man anthroposophische Kerninhalte kennt? Obwohl er in all seinen Erläuterungen, seinen Reden und Erklärversuchen, immer mit anthroposophischem Gedankengut hantiert hat, wurde dies von den Zuhörern, auch aus der Fachwelt, mangels Kenntnis der Quellinhalte, nicht erkannt. So erschien alles authentisch, von ihm selbst entwickelt und konzipiert, Worte und Taten eines eigenständigen Philosophen, Visionär und Prophet zugleich. Nur so konnte er passgenau in die Postmoderne eingereiht werden, ein überaus origineller, kreativer Aktionist mit einer komplexen, exotischen, philosophischen Botschaft.

8.5 Entmystifizierung

Die Ausführungen in den folgenden Kapiteln tragen dazu bei, die Heroisierung und Mystifizierung von Beuys durch eine Reihe überraschender, erhellender Fakten und Informationen zu ersetzen. Zugegeben, das kann durchaus zu einer Entwertung des Beuysschen Werkes führen, zu einer enttäuschenden Desillusionierung. Andererseits besteht so die Chance, sein Werk wahrhaftig zu erkennen, Strukturen zu entschlüsseln, eindeutige Zuweisungen und Erklärungen vorzunehmen.

Die folgenden Abschnitte führen systematisch aufbauend an das Beuyssche Werk heran. Ausgehend von der aktuellen Stellung von Beuys in kunstgeschichtlichem Zusammenhang, wird beleuchtet, wie Beuys es geschafft hat, in so kurzer Zeit zu einem international bedeutenden Künstler aufzusteigen. In einigen Kapiteln werden skizzenhaft die Grundlagen der anthroposophischen Weltsicht dargestellt, ebenso die Erscheinungsform traditioneller, anthroposophischer Kunstäußerungen geschildert. Der Autor gibt Hinweise über den Umgang mit anthroposophischem Schrifttum und versucht, einige Elemente im Beuysschem Werk einmal aus der Sicht der Anthroposophie zu erklären. Schließlich werden einige Statements von Beuys auf ihre Substanz und Quelle hin untersucht. Letztendlich kann dieses Buch aber lediglich Hinweise liefern, sich selbst mit dem anthroposophischen Background zu beschäftigen, ohne den ein wirklicher, substantieller Zugang zu dessen Werk nicht möglich ist

Beuys provoziert und polarisiert 8.6

Die einen feiern ihn als den bedeutendsten, deutschen Künstler des 20. Jahrhunderts, ein Genie, Visionär und geheimnisvoller Schamane, verehren ihn als herausragenden Zeichner, Schöpfer von provokativen, aber tiefgründigen Objekten, Installationen und Aktionen, Erfinder eines neuen Kunstbegriffs. Die anderen bezeichnen ihn als Scharlatan, als provokanten Spinner, dessen Theorien absurd und dessen Werke abstoßend und banal sind, ein schlauer Selbstvermarkter, windiger Entertainer und Rattenfänger.
Trotz aller Kontroversen muss man aber festhalten: In der Kunstgeschichte ist Joseph Beuys fest verankert. Er hat als Künstler versucht, neue Maßstäbe zu

setzen in Konzeption und bildnerischer Ausführung. Ihn umgibt das Charisma eines prophetischen Weisen, agierend mit geheimnisvollen Ritualen. Seine Objekte erscheinen wie Fetische aus einem okkulten Bereich. Seine Zeichnungen sind von einer eigenartigen, archaischen Schlichtheit, seine Aktionen wirken verstörend, seine theoretische Konzeption komplex, undurchsichtig. Er überrascht mit revolutionären Parolen, fordert wortgewaltig ein neues Kunstverständnis, eine neue Gesellschaft, einen neuen Menschen. Darüber herrscht unter Fachkreisen Einigkeit. So wird Beuys „gelehrt“. Ungereimtheiten werden unterschlagen, Unverständnis hinter der Fassade von Heroisierung und Idealisierung versteckt. Alle bisherigen Versuche, sein Werk verständlich und nachvollziehbar zu erklären, ihm eine nachhaltige Bedeutung zu geben, liefern aber nicht ansatzweise eine vollständige Transparenz seines Schaffens. Kunsthistoriker und Theoretiker übernehmen das Bild von Beuys kritiklos in Studium und Lehre. Es ist erstaunlich, in welchem Ausmaß, Bedeutung und Erfolg eines Künstlers unmittelbar in einer konzertierten Aktion von Kunstwissenschaftlern, Galeristen, Sammlern und der aktuellen Marktsituation gesteuert werden kann, eingeschlossen fundamentaler Fehleinschätzungen.

8.7 Neuorientierung

Sehen wir die Situation aber realistisch. In kunstgeschichtlichen Kreisen besteht kein Interesse daran, das mystisch Verbrämte, das Geheimnisvolle bei Beuys zu enträtseln. Er muss der große Schamane, der nicht ganz verstandene Prophet bleiben, ein geradezu übersinnlich Weiser, dessen Objekte und

Aktionen Fetischcharakter haben, abstoßend und faszinierend zugleich. Beuys als Anthroposoph, als Prediger und Ideologe, ist nicht gewollt!

Begnügt man sich damit aber nicht, unterzieht man Beuys einmal einer eingehenderen Analyse, ohne an den offiziellen Beschreibungen und der Glorifizierung seiner Anhänger festzuhalten, stellt man schnell fest, dass sämtliche Statements, alle sogenannten „Neuen Kunstbegriffe“, alle Aussagen zum Wesen des Menschen und der Gesellschaft so neu und revolutionär nicht sind. Die eigentlichen Quellen sind nur nicht allgemein bekannt. Eine differenzierte Betrachtung des Beuysschen Werkes wird überlagert durch eine Ansammlung an Schlagworten und plakativen Aktionen: *„Jeder Mensch ist ein Künstler“, die „Soziale Plastik“ als neuer Kunstbegriff, „einem toten Hasen“ Bilder erklären, Honigpumpe, Fett und Filz, die Episode einer wunderbaren Rettung nach einem Flugzeugabsturz (Tatarenlegende) usw.*

Uns ist nicht bewusst, dass fast alle seine Statements ursächlich nicht von ihm stammen, dass praktisch all seine Grundgedanken zur Schaffung eines „neuen“ Menschen und einer „neuen“ Gesellschaft und der Rolle und Aufgabe von Kunst im weitesten Sinne der Anthroposophie Rudolf Steiners entlehnt sind, eingeschlossen deren Bezugsfelder wie Novalis, Goethe, der Gnosis, christlicher und fernöstlicher Mystik. Man scheut sich fast, einen Künstlerfürsten wie Beuys in Frage zu stellen, zu faszinierend war sein Auftreten, zu erschütternd seine Aktionen, zu einhellig wurde er von der Kunstgeschichte vereinnahmt und als großer Meister verankert.

So wie Beuys sich selbst angemaßt hat, sich über andere, bedeutende Künstler einschränkend und bewertend zu äußern, könnten sich seine markanten Statements einmal durchaus gegen ihn wenden: Beuys 1964: *„Das Schweigen* *von Marcel Duchamp wird überbewertet!"* und über Beuys: *„Wo Beuys draufsteht ist Steiner drin!"* (Niederer 2021).

In der Visualisierung und verbalen Vermittlung anthroposophischer Theorien, ist Beuys aber durchaus authentisch, originell und einzigartig. Hier liegt seine große Stärke, ja sein Genie. Man kann ihn ohne weiteres als erfindungsreichen, mutigen und kreativen „Illustrator" anthroposophischen Gedankengutes bezeichnen. Aber reicht das aus, um seinen erhabenen Platz in der Kunstgeschichte zu verteidigen?

Sein Chefideologe, *Rudolf Steiner*, würde sich allerdings angesichts der Gestalt und Ausprägung seiner Werke, Aktionen und Parolen, wohl spontan von ihm und seinem Werk distanzieren. Rein äußerlich betrachtet, im Augenschein seiner Arbeiten, hat Beuys nichts mit der Welt der Anthroposophen gemeinsam, wodurch seine Zugehörigkeit auch nicht wirklich zu erkennen war. Innerhalb anthroposophischer Kreise herrscht seit ihren Anfängen ein relativ strenger Konsens über Darstellungs- und Visualisierungsformen (Architektur, Malerei usw.), dem Beuys niemals gefolgt ist, es strikt abgelehnt hat. Letztlich aber illustrieren auch seine Werke lediglich anthroposophische Inhalte.

Die Informationen der folgenden Kapitel stellen das Gesamtwerk von Beuys auf der Basis anthroposophischer Inhalte neu auf. Damit wird ein Verständnis möglich, was einerseits zu größerer Akzeptanz von dessen Werk, aber auch zu Desillusionierung und endgültiger Ablehnung führen kann. Im Prinzip ist es aber unerlässlich, Beuys zu hinterfragen und ihn schließlich im kunstgeschichtlichen Zusammenhang neu zu verorten, um seiner Absicht gerecht zu werden. Dies erfordert Mut, zu dominant ist der Nimbus des skurrilen Propheten, des Schöpfers einer neuen Kunst. Besonders die kritiklosen Bewunderer sind aufgefordert, dazu beizutragen, sein Werk transparenter zu machen, indem sie sich den Fakten in den folgenden Kapiteln vorbehaltlos stellen. Aber auch für den studierten Kunsthistoriker, Galeristen und Kurator eröffnen sich ungeahnte Perspektiven, wenn die Bereitschaft besteht, sich damit auseinander zu setzen.

Reliquienkult 8.8

Seine Werke liegen „bleischwer" in Museen, Reliquien gleich, fordern Respekt und Würdigung, verweigern aber hartnäckig einen direkten Zugang. Das Arrangement „Das Kapital" (1970-77) in der Galerie Hamburger Bahnhof Berlin (beschriebene Tafeln, ein in Filz eingepacktes Klavier etc.) oder die Glasvitrine in der Staatsgalerie Stuttgart mit einer Ansammlung an Einzelobjekten (Blutwurst, Holz. Glas, Eisen, Filz, Fingernagel, Zehennagel, Weißbrot, Metall, Mohnkapseln, Fett, Faden, Stroh, Knochen, Bronze, Hefe, Zucker, Sulfat, Gips) verwirren mehr, als sie erklären.

Mit seinem Tod (1984) bleiben die Werke als leere, materielle Hülle zurück, ausgesetzt dem natürlichen Zerfallsprozess der Zeit, auch wenn an der „Capri-Batterie" [33] von Beuys in der Pinakothek der Moderne in München die Zitronen bis zu 80 Mal im Jahr gegen frische Früchte ausgetauscht werden (2020 Opfer eines spektakulären Kunstraubes). Seine Werke verstauben in den Museen, das Fett ist ranzig geworden, es stinkt zum Himmel, die Blutwurst eingetrocknet. Sind das mehr als modernde Reliquien, stumm, verblichen, wort- und inhaltsleer? „Funktionieren“ sie noch im Beuysschen Sinne als aktive Batterien und Akkumulatoren, als interaktive Antennen in eine übersinnliche Region?

8.9 Charisma

Trat Beuys persönlich in Erscheinung, war der Raum erfüllt von seinem Charisma, einer geradezu magischen Ausstrahlung. Sein Auftreten mit Filzhut und Anglerweste war außergewöhnlich, seine Gesichtszüge markant, Achtung einflößend. Seine wortgewaltigen Statements überzeugten mehr durch die Art und Weise des Vortrags, als durch den Inhalt, der meist ein Rätsel blieb, wenn man nicht über ausreichend Kenntnisse anthroposophischer Grundlagen verfügte. Er wusste sich geschickt in Szene zu setzen, war Entertainer und Regisseur seiner Auftritte, dominierte Gesprächsrunden nach Belieben durch markante Bemerkungen, entwaffnende Gegenfragen und wenig durchschaubare, hochintellektuelle Argumentationsketten.

Der „König“ wurde zwar gefeiert und man sonnte sich in seiner Nähe, ihn zu hinterfragen, sein Alleinstellungsmerkmal, seine Genialität in Frage zu stellen, das riskierte im Grunde niemand. Entweder man war für ihn, oder entschieden gegen ihn! Immerhin konnte man aus dem, was er sagte, durchaus Erklärungsansätze seiner teils skurril erscheinenden Theorien und Aktionen erschließen, angelehnt an eine sinnbildhafte Symbolik, das genügt den meisten bis heute. Die große Zahl seiner Studenten an der Düsseldorfer Akademie folgten ihm bedingungslos, viele sonnen sich bis heute im Schein seiner Aura (“ *ich habe bei Beuys studiert“!).*

Es ist vergleichsweise einfach, das Werk von Beuys vollständig zu verstehen, wenn man die Grundbausteine der Anthroposophie kennt. Die Erläuterungen von Beuys selbst verwirren mehr, als sie aufklären, sind sie doch fragmentarisch, bruchstückhaft, ja Plagiate der ausgesprochen komplexen Lehrsätze Rudolf Steiners, in Wortverwendung und Satzbau oft direkte Rückgriffe. Die Komplexität seiner Ausführungen ist nur zu verstehen, wenn man zumindest ansatzweise die Grundthesen der Anthroposophie kennt.

Das Bild, das die Kunstgeschichte von Beuys zeichnet, wirkt aufgesetzt, mühsam konstruiert und ist letztlich nicht überzeugend, eher verwirrend. Das Entschlüsseln einer dominanten Symbolik in seinem Werk (Fett als Energieträger, Filz als Isolator, Kupfer als Energieleiter etc.) ist sicher nicht falsch, beleuchtet aber nur fragmentarisch Einzelaspekte, bleibt oberflächlich. Von Beuys bewusst in die Welt gesetzte Mythen, wie die Geschichte der Rettung durch Tartaren nach einem Flugzeugabsturz im zweiten Weltkrieg (Tatarenlegende), Schlagworte wie *„Jeder Mensch ist ein Künstler“* [6] *oder „Kunst = Kapital“* [7] werden entweder falsch interpretiert oder nur oberflächlich entschlüsselt und sind außerdem direkt aus dem Sprachgebrauch eines Novalis, Goethe oder Steiner entnommen. Die Identifikation mit den Lehren Rudolf Steiners war bei ihm wohl so groß, dass eine vollständige Deckungsgleichheit mit dessen Gedankenwelt bestand. Damit löste er sich von seinem Ideengeber ab, glaubt völlig autarkt zu denken und zu handeln. Er war überzeugt davon, dass die Lehren Steiners durch und in ihm zu neuer Aktualität erwachen würden und dass nur durch diese Weltanschauung dem Menschen eine sinnvolle Orientierung gegeben werden kann. Die totale Identifikation löste ihn quasi von Steiner ab, gab ihm das Recht, eigenständig und authentisch aufzutreten.

8.11 Hinterfragen, Lesen, Lernen

Für ein wirkliches Verständnis des gesamten Beuysschen Werkes ist es also unerlässlich, sich mit Anthroposophie auseinanderzusetzen. Wem das zu mühsam erscheint, wird immer an Beuys vorbei denken, ihn nie wirklich verstehen, ihn fanatisch ablehnen oder ihm oberflächlich und kritiklos huldigen. Und es geht dabei nicht um Waldorfpädagogik, anthroposophische Medizin oder biologisch-dynamisches Gemüse. Man muss sich mit den weitgehend unbekannten Bereichen im Werk Rudolf Steiners, dem esoterischen, okkulten Background befassen, wie es auch H.P. Riegel in seiner Beuys-Biografie einfordert. Ohne diese Fakten muss es mit dem Werk von Beuys zu Fehlinterpretationen kommen. Beuys ist nur oberflächlich betrachtet ein Künstler des Neodadaismus, des Fluxus der 1960er Jahre. Substantiell ist er ein Multiplikator der Anthroposophie, der lediglich im Gewand des Fluxuskünstlers auftritt, ohne Zweifel mit viel Fantasie. Seinen ihm zugewiesenen Platz in der Kunstgeschichte der Postmoderne füllt er aber substantiell nicht aus.

Wohlgemerkt spricht das alles nicht gegen die Anthroposophie als Weltanschauung an sich. Deren Inhalte und Konzepte sind durchaus bemerkenswert, enthalten bis in unsere Zeit hinein revolutionäre Ansätze und fungieren teilweise als Utopie einer neuen Gesellschaft. Es ist keineswegs verfehlt, die Inhalte der anthroposophischen Weltanschauung zu lehren. Das Problem fängt da an, wo man diese Quellen verschweigt, sich selbst als den Schöpfer darstellt und sich entsprechend feiern lässt. Kein Künstler, der z.B. auf der Basis christlicher Lehre Bilder oder Skulpturen schafft, die entsprechende Inhalte visualisieren, käme auf die Idee, dies zu verschleiern, davon abgesehen, dass auf Grund der Bekanntheit christlicher Inhalte dies von vornherein zum Scheitern verurteilt wäre.

Beuys selbst hat sich einer Heroisierung und Verehrung nicht verwehrt, warum sollte er auch, ist er doch binnen weniger Jahre zu erstaunlicher Berühmtheit aufgestiegen. Seine Arbeiten, von ihm selbst hin und wieder als „Mist" bezeichnet, machten ihn bekannt und reich. Wichtiger für ihn war aber wohl die öffentliche Plattform, die er dadurch zu Verfügung hatte, anthroposophisches Gedankengut zu vermitteln, wenn auch hinter „vorgehaltener Hand".

Kunst war nicht unbedingt seine erste Wahl als Lebenskonzept, wie man Biografien entnehmen kann. Ausschlaggebend war schließlich, dass Beuys im Feld der Kunst genügend Freiheit sah, sich ungehindert und experimentell ausdrücken zu können. Nur in der Kunst hatte er das Stück „Narrenfreiheit", das er brauchte, um sich derart zu exponieren und nur hier war es möglich, anthroposophische Inhalte in Materialien und Aktionen verschlüsselt zum Ausdruck zu bringen. Sein Humor, seine schelmische Freude an skurrilen Auftritten, an provozierenden Aktionen, all das verhalf ihm zu hoher Authentizität.
Auch war seine politische Zielrichtung unübersehbar. Eine Karriere in der grünen Partei wurde ihm letztendlich verwehrt. Die Konzeption einer Dreigliederung der Gesellschaft (R. Steiner) wird aber in bestimmten Kreisen heute noch durchaus gepflegt (fiu-Verlag, Rainer Rappmann: Internationales Kulturzent-

rum Achberg). Die meisten anthroposophischen Einrichtungen (Waldorfschulen, Camphill-Gemeinschaften usw.) pflegen bis heute mit Erfolg partnerschaftliche, kooperative Systeme mit Vorbildcharakter.

8.12 Die Macht der Mythen

Nicht viele Künstler des 20. Jahrhunderts haben ihre Wurzeln in einer bestehenden Weltanschauung, die sie öffentlich praktizieren und die ihr Werk geprägt hat. Meist werden sogenannte „Individuelle Mythologien“ praktiziert, tief in der eigenen Lebensgeschichte verankert und hochstilisiert zu tragenden Konzepten. So ist das *Orgien-Mysterientheater eines Hermann Nitsch* [34] substantiell eine skurrile Welt, ein provozierendes Spiel mit Blut, Opfer, Gewalt und willenloser Hingabe, ohne sich aber von einer traditionellen, bestehenden Weltanschauung abzuleiten. Von der Kunsttheorie wurde auch er hochstilisiert zu einem „Taktgeber“ der Postmoderne im Zuge des Wiener Aktionismus (1962-70). Ihm wird die Erfindung der „Schüttbilder“ zugesprochen. Nitsch schüttet dabei mit Schwung Farbe oder Blut mittels eines Eimers auf Leinwand, eine Variation des Actionpainting. Aber auch hier erhebt sich die Frage, ob auch noch das hundertste Schüttbild bewahrt werden muss, ob er Maßstäbe gesetzt hat, die sich in einer fortschreitenden Entwicklung der Kunst Gewicht erarbeitet haben, ob er als Professor und Lehrer wichtig war. Aber auch darüber ist bereits geurteilt! Nitsch gehört zur fest verankerten Riege bedeutender Künstler, kunsttheoretisch ausreichend unterfüttert, durchaus gewinnbringend im internationalen Marktgeschehen verankert, was natürlich individuelle Bewertungen und abweichende Maßstäbe nicht ausschließt.

Die folgenden Kapitel versuchen ansatzweise den anthroposophischen Spuren im Beuysschen Werk zu folgen, sie möglichst allgemeinverständlich darzustellen und damit einen wirklichen Zugang zu seinem Werk zu eröffnen. Ebenfalls unerlässlich ist es, den biografischen Spuren in seinem Leben zu folgen, wie es ausführlich im Buch von Hans Peter Riegel „BEUYS“ dargestellt wird. Dies befreit aber nicht davon, sich selbst einem genaueren Studium anthroposophischen Schrifttums zu widmen. Die folgenden Ausführungen zeigen lediglich die Grundbausteine auf und erheben keinen Anspruch auf Vollständigkeit.

Der Autor dieses Buches ist kein Anhänger der Anthroposophie, wurde nicht geschult in entsprechenden, fachkundigen Zirkeln. Er hat sich aber in anthroposophische Schriften vertieft um der Spur des Beuyschen Werkes zu folgen, nachvollziehen zu können, was und warum, um schließlich dem nach Erklärung und Transparenz suchenden Kunstinteressenten einen Weg anbieten zu können, Beuys zu verstehen und Missverständnisse zu beseitigen.

Kunst ist immer auch individueller Lebensbezug und Beuys ist nicht der erste Künstler, der in und mit der Kunst eigene Lebensdramen verarbeitete.

Seine Werke sprechen die Sprache erlebten Leides bis hin zu schweren Lebenskrisen, denken wir nur an die „berühmte“ Kinderbadewanne, Metapher für Prägungen und Verletzungen in der Kindheit. Oder das bekannte Werk „Zeige deine Wunde“. Dazu ein Zitat von Beuys: *„Zeig mal deine Wunde. Wer seine Wunde zeigt, wird geheilt. Wer sie verbirgt, wird nicht geheilt“* [9]. Hier sind die Werke von Beuys recht direkt lesbar, in ihrer Symbolik auch mit klassischer

Psychologie zu erklären, dem analytischen Denken eines C.G. Jung oder Sigmund Freud sehr nahe.

Wir wissen, dass gerade die Beschäftigung mit der Anthroposophie in den 1950er Jahren entscheidend zu einer Stabilisierung in Lebens- und Sinnkrisen geführt hat, ihn letztlich aus einer schweren Depression geführt habt. Auch haben ihn seine Kriegserlebnisse schwer traumatisiert. Hier findet er ein in sich schlüssiges Weltbild, ein stabiles Menschenbild und Erklärungen für Missstände in der Welt, aber auch Hoffnung auf eine positive Entwicklung. Die Identifikation mit anthroposophischen Inhalten hat ihm wohl nicht nur das Leben gerettet, sondern auch seinen Weg in die Kunst bereitet. Zeitgenossen bestätigen, dass Beuys zu dieser frühen Zeit vielfach als beseelter Vermittler (Prediger) anthroposophischer Inhalte aufgetreten ist, noch vor seiner Zeit als Künstler. Seiner Kreativität ist es zu danken, dass er Jahre später mit all diesen Kenntnissen zu einem überzeugenden, künstlerischen Gesamtauftritt gefunden hat, der in diesem Buch nicht angezweifelt werden will.

8.14 Anthroposophische Basics

In aller Kürze kann hier nur gelingen, einige Grundparameter der Anthroposophie im Ansatz darzustellen, was aber ein weitergehendes Studieren anthroposophischen Schrifttums nicht ersetzt. Diese Ausführungen haben lediglich Hinweischarakter und müssen präzisiert werden, um volle Gültigkeit zu erlangen.

Für unsere aktuell weitgehend materialistische, naturwissenschaftlich fundierte Weltsicht stellt die ernsthafte Auseinandersetzung mit einem esoterischmystischen Weltbild durchaus eine Herausforderung dar. Gleichzeitig kann man aber auch feststellen, dass in den Menschen gewisse Sehnsüchte nach einer übersinnlichen Verankerung in einem höheren Sein vorhanden sind, jenseits der Grenzen der materiellen Welt. Die Sinnsuche im Leben lässt sich offensichtlich nicht endgültig und befriedigend mit einer nüchternen, rein logischen Wissenschaftlichkeit und materialistischen Weltsicht erreichen. Das aktuelle Erstarken spiritueller Gruppierungen und Ideologien kann ein Ausdruck dafür sein.

Die Anthroposophie ist eine Zusammenführung unterschiedlichster spiritueller Konzepte durch den Begründer, Rudolf Steiner. Steiner kommt aus der esoterisch ausgerichteten, theosophischen Bewegung (19. Jahrhundert), begründete dann als Weiterentwicklung die Anthroposophie, ein Konglomerat aus theosophischen und frühchristlichen, gnostischen Impulsen, mittelalterlich jüdischen Einflüssen, Grundlagen indischer Religionen und der goetheanischen Weltsicht, aber auch naturwissenschaftlichen Erkenntnissen seiner Zeit. Sein Ziel war es, das gesamte geistige, soziale und wirtschaftliche Leben des Menschen umzugestalten aus der Erkenntnis heraus, dass der Mensch dazu die Fähigkeit hat als kreatives Wesen, sofern er sich seiner geistigen Kräfte bewusst wird, diese ausbildet und konkret in Lebensentscheidungen umsetzt. Zentral ist, dass der Mensch neben seiner körperlichen Gestalt und Bindung an physiologisch-chemische Prozesse auch einen nicht körperlichen, geistigen Wesenskern besitzt, der sich in beständig sich wiederholenden Wiederverkörperungen (Reinkarnation) immer höher entwickelt, ein kumulatives Entwicklungsprinzip, in dem die körperliche Existenz als sich wiederholende Erfahrungsebene eine maßgebliche Rolle spielt.

Als Gesamtheit aller Bausteine stellt die Anthroposophie ein relativ geschlossenes, in sich aufbauendes und kohärentes System dar, eine Sicht auf die Welt, die praktisch alle Bereiche des Lebens umfasst. R. Steiner konzipiert seine Lehre als Wissenschaft mit Anspruch auf Objektivierbarkeit. Im Prinzip kann jeder Mensch mittels gezielter Schulung zur Erkenntnis der geistigen Welten kommen, als überzeugende Eigenerfahrung. Damit wechselt dann der Einzelne aus der angeleiteten Schulung und Nachahmung der zentralen Inhalte der Lehre hinüber in die authentische Erfahrung, womit er letztendlich nur aus sich heraus agiert. Damit verlässt er den Bereich des Schülers oder Studenten, wird selbst zum Meister. Als solcher, ein Erkennender und Erfahrender, hat sich wohl auch Beuys gesehen, woher sich sein als absolut vertretener Authentizitätsanspruch herleiten lässt. Er bedarf nicht mehr der Rückversicherung bei Rudolf Steiner. Beuys denkt und handelt also selbständig und losgelöst. Dies erklärt möglicherweise, dass er es nicht für notwendig ansah, eine Herleitung seines Konzeptes aus der Anthroposophie zu stützen.

Im Allgemeinen fristet die Anthroposophie als philosophisch-ideologische Lehre ein Nischendasein im Bewusstsein der meisten Menschen, vielfach mit dem Prädikat esoterisch und sektiererisch versehen. Besonders die okkulten Inhalte der Anthroposophie sind meist nur internen Kreisen wirklich bekannt und mit einem materialistisch, naturwissenschaftlich fixierten Denken weitgehend inkompatibel.

Anthroposophie „light“ 8.15

Im praktischen Leben haben sich aber die aus anthroposophischem Gedankengut hervorgegangenen Einrichtungen wie die Waldorfschule, die biodynamische Landwirtschaft (Demeter), die Camphill-Bewegung (für Menschen mit Assistenzbedarf), die anthroposophische Medizin und Körperpflegeprodukte von Weleda, eine hohe Akzeptanz in der Bevölkerung erarbeitet. Wie in vielen esoterischen, spirituellen Bewegungen und Religionen schlägt sich ein gewisser Anteil an Erkenntnissen durchaus ganz konkret fruchtbar für das Zusammenleben der Menschen in Organisationen nieder, teilweise auch weitgehend ohne die eigentliche Quellsubstanz zu kennen und akzeptieren zu müssen.

Heute gibt es weltweit 1149 Waldorfschulen in 65 Ländern und 1817 Waldorfkindergärten in 67 Ländern (Stand 2018). Die Demeter Landwirtschaft ist Vorreiter für eine breite, ökologische Bewegung, assoziativ geführte Lebens- und Produktionsgemeinschaften leisten Vorbildliches, ein anthroposophisch orientiertes Gesundheitswesen (Ärzte, Krankenhäuser) integriert erfolgreich die Naturheilkunde und geisteswissenschaftliche (Steiner) Impulse.

Abkürzung: Die Bienen 8.16

Steiners Schriften und Vorträge sind auf dem Buchmarkt problemlos zu beziehen (eigener anthroposophischer Buchverlag: Verlag Freies Geistesleben).

Meiner Erfahrung nach ist es aber nicht damit getan, Steiner zu lesen, Vortrag für Vortrag, Buch für Buch. Schnell wird man nicht nur auf der Ebene der etwas „angestaubt" wirkenden Sprachverwendung, sondern vor allem im Nachvollziehen Steinerscher Gedankenkonstruktionen mit direkten Rückgriffen in die Terminologie der Theosophie und Mystik Mühe haben, der Logik und den daraus resultierenden Konsequenzen zu folgen. Nicht umsonst empfehlen selbst anthroposophische Kreise ein Studium entsprechender Schriften in Zirkeln bereits eingelesener und erfahrener Menschen. Entsprechende Gruppen finden sich meist im Umfeld anthroposophischer Einrichtungen (sogenannte „Zweige“).

Wollen wir Joseph Beuys verstehen, wäre natürlich ein begleitendes Studium der wichtigsten Schriften Steiners vorteilhaft. Als Einstieg kann es aber durchaus genügen, sich mit einigen Grundzügen bekannt zu machen und sich in einige wenige Vorträge Steiners einzulesen. Es ist auf jeden Fall von Vorteil, Steinerschriften und Vorträge direkt zu lesen, um mit der speziellen Sprache in Formulierung und Wortwahl in Kontakt zu kommen. Erst dann erschließen sich Parallelen zur Sprachverwendung von Beuys, was ausgesprochen erhellend ist.

Zentral für das Verständnis seines Werkes sind die *Vorträge über die Bienen* [35). Hier erklären sich eine ganze Reihe sinnbildlich verwendeter Materialien in seinen Objekten und Zeichnungen (Honig, Fett, Filz... Bild der Bienenkönigin usw.), Begriffe wie Kristallisation und Verhärtung im Gegensatz zu Fließen, Wärmeprozess und Strukturbildung, auch Annäherungen an die Idee einer wohl funktionierenden Gesellschaft.

Ein tiefergehendes Studium anthroposophischen Schrifttums sei an dieser Stelle dem einzelnen Leser überlassen, es würde den Umfang und die Zielrichtung dieses Buches bei weitem überschreiten. Aber vielleicht konnte Interesse und Aufgeschlossenheit dafür geweckt werden. Es lohnt sich allemal, wenn man ernsthaft das Beuyssche Werk verstehen möchte, ganz unabhängig von der individuellen Akzeptanz der anthroposophischen Lehre.

Für Beuys selbst sind seine künstlerischen Äußerungen lediglich Vehikel, Sichtbarmachungen, aber auch ganz konkret Energiefelder. Es geht ihm nie um das äußerliche Erscheinungsbild, geschweige denn um Ästhetik im traditionellen Sinne. Ganz im Stil und Geist anthroposophischer Orientierung arbeitet auch Beuys zwar schwerpunktmäßig bildhaft, formgebend, um den Menschen auf allen Bewusstseinsebenen zu erreichen. Es kam Beuys immer nur auf die Wirksamkeit an, die Gestaltungskraft im Sozialen. . *„Ein Panzer, ein U-Boot oder die Concorde sind viel ästhetischer als alle heute zur Verfügung stehenden Kunstwerke von Picasso bis zu meinem Mist.“* [10].

Und schon Rudolf Steiner bemerkte in den 1920er Jahren:

„ .. man ist erst befähigt das Leben zu verstehen, wenn man sein Denken geschult hat, um die wahren Kräfte des Lebens zu sehen. Und Geisteswissenschaft ist Schulung für eine gesunde Beurteilung des Lebens, weil sie dem Leben auf den Grund geht.“ [11]

Und auch folgendes Zitat von Steiner kann man unmittelbar auf Beuys beziehen:

„Ich weiß ganz gut, dass ich gegenwärtig als Fantast angesehen werden kann und es ist mir einleuchtend, warum das so ist. Aber die Wahrheit muss wirken, auch wenn sie verlacht und verhöhnt wird, und ihre Wirkung hängt nicht ab von den Meinungen, die man über sie hat, sondern von ihrer gediegenen Grundlage. [11].

Wer in den Objekten, Aktionen, Zeichnungen oder Mindmaps zu den Vorträgen von Beuys nach Kompositionskriterien im Bildnerischen sucht, die auch nur ansatzweise auf traditionellen Vereinbarungen beruhen, ist auf dem Holzweg. Jegliche Art bekannter Ästhetik ist fehl am Platze und das Suchen danach zeigt lediglich an, dass man Beuys nicht verstanden hat.

8.17 Hase, Honig, Denken

Ansatzweise soll hier beispielhaft an einigen Elementen und Materialien im Beuysschen Werk aufgezeigt werden, wie sie verständlich gemacht werden können, wenn sie auf der Basis anthroposophischer Erkenntnisvorgänge betrachtet werden.
Mehrfach wird bei Beuys der Hase als Element seiner Arbeiten verwendet, sei es in der Zeichnung („Hase für den Frieden“) oder eingebunden in eine Aktion („Wie man dem toten Hasen die Bilder erklärt“ - 1965, Galerie Schmela [12]). Ebenfalls verwendet Beuys immer wieder den Honig in seinen Arbeiten („Die Honigpumpe am Arbeitsplatz“ – 1977, Dokumenta-6), meist in Kombination mit dem Begriff des Denkens.

Er äußert sich durchaus dezidiert dazu, versucht schlüssige Erklärungen abzugeben. Kennt man den anthroposophischen Ansatz wird aus seinen Formulierungen der Bezug deutlicher. Wenn nicht, bleiben die Erklärungsversuche abstrakt, ohne nachvollziehbare Verknüpfungen und provozieren Fehldeutungen.
„Für mich ist der Hase das Symbol für die Inkarnation. Denn der Hase macht das ganz real, was der Mensch nur in Gedanken kann. Er gräbt sich ein, er

gräbt sich einen Bau. Er inkarniert sich in die Erde, und das allein ist wichtig. So kommt er bei mir vor. Mit Honig auf dem Kopf tue ich natürlich etwas, was mit Denken zu tun hat. Die menschliche Fähigkeit ist, nicht Honig abzugeben, sondern zu denken, Ideen abzugeben. Dadurch wird der Todescharakter des Gedankens wieder lebendig gemacht. Denn Honig ist zweifellos eine lebendige Substanz. Der menschliche Gedanke kann auch lebendig sein. Er kann aber auch intellektualisierend tödlich sein, auch tot bleiben, sich todbringend äußern etwa im politischen Bereich oder der Pädagogik (Zitat - Beuys. [12]*)*

Dazu einige Bezugspunkte aus dem anthroposophischen Weltbild, hier ansatzweise auf das vorherige Zitat von Beuys bezogen. So etwa müsste man an Beuyswerke herangehen, um sie substantiell zu erfassen:

- *Inkarnation*: Der Mensch wird auf dieser Erde in sich beständig wiederholenden Verkörperungen wiedergeboren. Der Hase symbolisiert diesen Vorgang des in die Erde hinein geboren Werdens und damit den Prozess der permanenten Erneuerung und Höherentwicklung des Lebens durch Reinkarnation. Der Körper ist Werkzeug, in dem sich eine ewige Geistseele immer höher entwickelt. In diesem Sinne ist der Hase auch Friedenssymbol. Friede, geistige Einheit, ist das höhere Ziel für den Menschen, getragen durch die Liebe und Erkenntnis als Prinzip. Wenn Beuys das Gold einer kunstvoll geformten Zarenkrone in eine Hasenform gießt (Aktion: 1982, Dokumenta-7), vollzieht er diesen Akt anschaulich, von Gewalt, Macht und Unterdrückung durch Metamorphose zu Gewaltlosigkeit, Naturverbundenheit und letztlich zu einem friedvollen Wesen (Hase). Entscheidend ist dabei der Wärmeprozess

(Schmelzen), Wärme als Lebenskraft, Bewahrung und Chance zu Veränderung, wie vielfach bei R. Steiner erwähnt (Vorträge über die Bienen). Im allgemeinen Verständnis wird der Hase in unserer Kultur aber lediglich als Fruchtbarkeitssymbol verwendet (Ostern).

- *Honig*: In den Vorträgen von Steiner über die Bienen ist der Honig lebenserhaltende, kreative und konzentrierte Lebensenergie, weich und formbar, ständig im Fluss. Honig ist Lebenselixier, Energie für die Gemeinschaft (Der Bienenstock, gleichgestellt mit dem Wort: „Der Bien", gemeint als Organismus), für die Gegenwart und Zukunft (nächste Generation), von den einzelnen Individuen in einem „Verdauungsprozess" abgegeben. Auch der Mensch gibt in seinem Leben Energie ab an die Welt, die Gemeinschaft, seine Gedanken, Substanz für Gegenwart und Zukunft, formende, gestaltende Energie, die in einem Metamorphoseprozess sich über das Wollen in Handeln verwandelt und so Realität schafft. Im Gegensatz zum Honig sind die Gedanken der Menschen aber nicht naturgemäß lebensbildend und lebensfreundlich. In der Schulung des Geistigen kann der Mensch aber seine Gedanken formen und zu einer Kraft wandeln, die positiv, aufbauend wirkt (wie Honig). Der Honig ist von Natur aus lebendig, im Fluss (Honigpumpe) und bleibende Kraft.
- *Gedanken*: Das Denken ist in der Anthroposophie nicht nur Produkt physiologisch-chemischer-elektrische Prozesse im Gehirn, sondern eine geistige Urkraft, die auch aus einem übersinnlichen, überkörperlichen Bereich jenseits der Materie schöpfen kann, wenn entsprechende Bewusstmachung und Schulung erfolgt. Denken, Selbstbewusstsein und Geisterkenntnis sind die

Triebfedern menschlichen Wollens und Handelns und damit vorrangiges Ziel des Menschen und seiner Entwicklung.

Die hier versuchte Bezugnahme auf anthroposophisches Denken ist bruchstückhaft und sicherlich nur ansatzweise belastbar, würde man einen geschulten Anthroposophen fragen. Aber dies wäre der Weg, wenn man Beuyssche Werke korrekt auf anthroposophische Inhalte beziehen würde. Schnell wird klar, dass das so einfach nicht ist. Alle Statements und Erklärungen bleiben lediglich fragmentarisch, ohne wirklichen Zusammenhang zum Gesamtkonzept. Immerhin ließe sich so aufzeigen, wie man an eine Deutung der Werke herangehen müsste. Der Zuhörer würde schnell verstehen, dass es notwendig ist, eine andere Weltkonzeption, ein anderes Denken zugrunde zu legen, wenn man Beuys umfänglich verstehen will. Dabei kann es schnell zu ablehnenden Reaktionen kommen: Zu kompliziert, zu weltfremd, zu ideologisch!

Letztlich bleibt dann nur noch der Versuch, mit unserem psychologischen, analytischen Denken und aus einer archetypischen Symbolik heraus Erklärungsversuche zu unternehmen. Damit wird man aber der Sache nicht gerecht, denkt an Beuys vorbei. Das große Problem bei einer Vermittlung Beuysscher Werke unter Einbeziehung anthroposophischen Gedankengutes wird es sein, den Zuhörern zumindest ansatzweise Zugang zu den Grundlagen dieser Weltsicht zu verschaffen, ohne weitergehende Bezüge erklären zu müssen. Möglicherweise hilft es, mit passenden Zitaten von R. Steiner zu arbeiten, um wenigstens kleine Spots zu setzen. Für ambitionierte Kunstpädagogen öffnet sich hier ein anspruchsvolles Aufgabenfeld, aber letztlich ist ein vertieftes Studium der Anthroposophie unumgänglich, womit übrigens die zentrale Absicht und

Kernbotschaft von Beuys zu einem wesentlichen Teil realisiert wäre! Damit würde die Potenz seiner Kunst als Vermittlung anthroposophischer Weisheiten konkret umgesetzt. Da der Kontrast zu unserem naturwissenschaftlichen, materialistischen Weltbild aber erheblich ist, ist anzunehmen, dass gleichzeitig mit der zunehmenden Nähe zu den Werken eine immer größere Distanz zu deren Akzeptanz entstehen könnte. Damit wäre aber der Weg zu einer Neubewertung offen und es ist durchaus möglich, dass das gesamte Beuyssche Werk schließlich unter „ideologische Illustration“ eingeordnet werden müsste, was erhebliche Auswirkungen auf seine kunstgeschichtliche Bedeutung hätte.

8.18 Die „Soziale Plastik“

Die „soziale Plastik“, von Beuys als „erweiterter Kunstbegriff“ und als Neuschöpfung verkaufte Tatsache, stellt sich bei genauer Betrachtung als Wiederholung traditioneller, anthroposophischer Thesen heraus. Steiner nennt denselben Sachverhalt „Sozialer Organismus“. In der Beuysschen Variation kommt lediglich das Moment einer aktiven Formbarkeit, eine elementare Veränderbarkeit zum Ausdruck (plastizieren). Hier spricht der Bildhauer Beuys. Für ihn steht aber immer der Mensch als „Generator“, als Motor jeglicher Veränderung im Mittelpunkt, nicht unbedingt sein Werk als Künstler. Die gestalterischen Arbeiten sind lediglich Sinnbild, Vehikel oder Übungsfeld.

„Durch Menschen bewegen sich Ideen fort, während sie in Kunstwerken erstarren und schließlich zurückbleiben“ [13], formulierte Beuys unmissverständlich. So gesehen ist es nur logisch, dass seine Werke ohne ihn in den Museen zu unwirksamen Reliquien mutieren.

Die Beuys´sche Hinwendung zur konkreten Politik über die damals in den Startlöchern stehende „Grüne Partei", zeigt die eigentliche Triebfeder hinter all seinem künstlerischen Schaffen: Mensch und Gesellschaft zu verändern, um mit seinen Worten zu sprechen, zu formen wie eine Plastik (Soziale Plastik). In diesem Glauben verhaftet verlässt Beuys das Metier des klassischen Bildhauers. Denkt man weiter, wäre Kunst als Medium irgendwann sogar überflüssig, derzeit lediglich Übungsfeld mit bildnerischem Material für die Kreativität des Menschen und Beweis für seine Freiheit.
Beuys glaubt durchaus, dass man aus der Nische der Kunst heraus direkt eine Veränderung gesellschaftlicher Ordnung bewirken kann. Als Gründungsmitglied der grünen Partei setzte er große Hoffnungen darauf, dass das Konzept der Dreigliederung der Gesellschaft (Steiner) konkret umgesetzt werden könnte. Er verkannte wohl die etwas „abschreckende" Wirkung seines Auftretens als charismatischer Künstler auf Parteigenossen und das Volk der Wähler. In anthroposophischen Kreisen spielt aktuell aber der Dreigliederungsgedanke immer noch eine Rolle, wird in internen Einrichtungen auch umgesetzt und nach wie vor als Konzept für die Gesamtgesellschaft proklamiert.

Jeder Mensch ist ein Künstler 8.19

Kaum ein Ausspruch von Beuys ist so bekannt und beliebt wie dieser Satz. Er steht für das ganze Selbstverständnis seines Schaffens, ist Parole und Programm zugleich. Als gelernter „Bildhauer" sieht sich Beuys in erster Linie als Ausgestalter und Formgeber, auch der menschlichen Gesellschaft. In diesem

Selbstverständnis gründet sein „erweiterter Kunstbegriff". Wie im unbearbeiteten Marmorblock schon die fertige Figur „ruht" und auf ihre Befreiung wartet, so holt der Künstler mit der Kraft seiner Imagination und konkreter Arbeit die zukünftige Gestalt der Gesellschaft nach und nach heraus. Kunst wird bei Beuys als allgemeiner Begriff für potentielle Kreativität verstanden und in diesem Sinne kann „jeder Mensch ein Künstler sein." *„Er ist ein Künstler, ob er nun bei der Müllabfuhr ist, Krankenpfleger, Arzt, Ingenieur oder Landwirt. Da, wo er seine Fähigkeiten entfaltet, ist er Künstler.* [14]

Dabei greift Beuys unmittelbar auf ein Zitat aus einer Textsammlung des frühromantischen Dichters Novalis zurück: *„Jeder Mensch sollte ein Künstler sein. Alles kann zur schönen Kunst werden"* [15] . Das Malen, Zeichnen oder Plastizieren sind dabei nur einige Möglichkeiten, sich kreativ zu äußern. Gemeint ist mehr die Erweiterung kreativen Denkens und Handelns auf alle Lebensgebiete. Im Zentrum steht immer die individuelle Potenz eines jeden Menschen, kreativ und in Freiheit alle Bereiche des Lebens gestalten zu können, und zwar im Sinne einer schöpferischen, erneuernden Arbeit, wie sie sich im Künstlerischen quasi als Übungsfeld zeigt.

In diesem Sinne ist jeder Mensch ein Schöpfer (Künstler)! Der „soziale Organismus" (Steiner) und die „soziale Plastik" (Beuys), ist die Summe der Verantwortlichkeiten aller Menschen, an der Gemeinschaft kreativ, konstruktiv mitzuwirken. So wird jeder Mensch zum Künstler! Beuys jongliert auch hier geschickt mit bereits verankerten Begrifflichkeiten, stellt sie mit kleinen Abweichungen neu im Hier und Jetzt auf.

Beuys treibt die Künstler aus ihren Ateliers auf die „Straße", weg von den Staffeleien und Marmorblöcken. Er verweist auf ihre Verantwortung, die Gesellschaft neu zu gestalten (Soziale Plastik), den Menschen neu zu denken, mit den Menschen selbst als „Modelliermasse" zu arbeiten, sich nicht zu verkriechen hinter illusionistischer Gestaltung. Der einzelne Mensch wird zum Generator für eine seelisch-geistige Erneuerung seiner eigenen Ich-Identität und damit auch der gesamten Menschheit. Gedanken, das Wollen und Handeln sind die Akkumulatoren für Veränderung. Beuys selbst fühlt sich berufen zum Heilsbringer und Propheten, zum Vermittler eines revolutionären Weltbildes und er benutzt die Kunst als Katalysator.

Traditionelle, anthroposophische Kunst 8.20

Anthroposophische Einrichtungen, wie die Waldorfschulen, sind schon allein oft durch ihre äußere Gestalt zu erkennen, orientiert an organischen Formen, den rechten Winkel meidend und in ihrem Inneren augenscheinlich von einem dominanten Farbkonzept durchdrungen. Die Malerei in anthroposophischem Umfeld ist tendenziell vom Jugendstil, Ex- und Impressionismus beeinflusst und inhaltlich illustrativ. Es herrscht eine dominante Farbsymbolik vor, welche geisteswissenschaftliche Inhalte wiederspiegelt. Bewegung und Tanz gipfeln in der *Eurhythmie* mit symbolischen Bewegungsmustern und farbigen Gewändern zur Sichtbarmachung geistiger Zusammenhänge und Kräfte. Alles ist durchdrungen von einer bestimmenden, spirituellen Bedeutungsebene. Künstlerische Tätigkeit soll die sozialen Verhältnisse heilsam mitgestalten, fließt unmittelbar in das pädagogische und therapeutische Konzept mit ein.

Dieser traditionellen Formensprache hat sich Beuys immer verweigert und entzogen, obwohl er durchaus anthroposophische Kreise und Einrichtungen als Plattform für Vorträge und Diskussionen gerne in Anspruch genommen hat. Gemessen am Erscheinungsbild seiner Arbeiten wird die Ablehnung traditioneller, anthroposophischer Gestaltung offensichtlich. Es gibt auch direkte, negative Äußerung von ihm gegenüber anthroposophischer Architektur. Außer in seinen handgezeichneten Mindmaps, meist auf Tafeln, als Erläuterung in Vorträgen und den kleinformatigen Skizzen, die denen Rudolf Steiners frappierend ähnlich sind, gibt es keinerlei Annäherung oder gar Deckungsgleichheit zu klassisch anthroposophischen Darstellungsweisen. In dieser Hinsicht bleibt Beuys durchaus authentischer Neodadaist. Sein Erfindergeist in der Verwendung von Materialien, das Arrangement seiner Aktionen, sein exzentrisches Auftreten, dies alles zeugt von hoher Kreativität und dem Mut, traditionelle Grenzen zu sprengen, auch die der Anthroposophie.

8.21 Schamane, Priester, Prophet

Seine Werke sind Erfahrungsbrücken, Energieträger oder „Batterien“, an die man sich „anschließen“ soll, um ihre Tiefe und Wirkung zu erfahren, teilweise auch als Sinnbild oder Metapher zu verstehen. Hier arbeitet und denkt Beuys wie ein Schamane, ein Priester, kreiert Fetische und Energieobjekte, zelebriert Rituale. Nur so funktionieren seine Werke, nur so machen sie Sinn! Jede Konzentration auf die äußere Erscheinung seiner Arbeiten führt in eine falsche Richtung. Er will weder der begnadete Zeichner oder Plastiker sein, nicht der einfallsreiche Provokateur, auch wenn er mit dieser Rolle geflissentlich sympathisiert hat. Er ist der Bote einer neuen Zeit, einer neu ausgerichteten Kunst, einer besseren Menschheit. Natur und Kosmos sind zu einer sich gegenseitig schützenden und tragenden Einheit zusammen zu schmelzen. Die Kunst benutzt er lediglich als Manifestationsbereich, als Sinn- und Darstellungsmöglichkeit, um seinem Konzept eine sinnlich erlebbare Form zu geben und er hat mehrfach darauf hingewiesen, dass seine Werke dann überflüssig werden, wenn sie nicht in der Lage sind, den philosophischen Background zu erschließen. Vierzig Jahre nachdem der Meister verstummt ist (1984), seine Werke nicht mehr wortgewaltig erläutern kann, schließen sich zunehmend die potentiellen Verständnispforten zu seinem Werk. Was würde geschehen, wenn wir ihn jetzt ernst nehmen und zur Entsorgung schreiten?

Die Besucher von Ausstellungen stehen nach wie vor ratlos vor Objekten, Installationen und Videos seiner Aktionen. Sicherlich lassen sich Beuyssche Werke auch ohne anthroposophischen Background irgendwie erklären, inhaltlich aufschlüsseln oder vage einer durchaus ansatzweise sinnvollen Deutung zuweisen, die aus einer kritischen Sicht auf Gesellschaft und Mensch gekennzeichnet ist oder auf psychologische Erklärungsmuster zurückgreift, wie sie von C.G. Jung dargestellt werden [16]. Dies ist hin und wieder sicher nicht falsch, bleibt aber nur an der Oberfläche, bewegt sich im Grunde in einer seichten Zone der Erkenntnis.

Beobachtung des Autors: Bei einem Besuch der Ausstellungshallen des „Hamburger Bahnhofs“ in Berlin ergab sich folgende Szene: Eine Gruppe von Kunststudenten, saß mit Bleistift und Skizzenbuch rund um das Beuysobjekt „Unschlitt/Tallow (1977)“, bestehend aus riesigen Paraffinbrocken, um dieses zeichnerisch zu erfassen. Wie absurd, wie wenig wurde hier Beuys verstanden. Niemals ging es Beuys um Komposition, äußere Form oder Stimmigkeit im traditionellen Sinne. Oder der Kunstliebhaber, der nach der Betrachtung einer Beuysschen Fettskulptur im Museum angeblich einen ganz neuen Blick für Form und Oberfläche seiner Butter als Skulptur daheim bekommen hat. Mehr missverstehen kann man Beuys nicht!

Derartige Herangehensweisen befördern ein völlig falsches Bild von Beuys. Er kann und will nicht in die klassischen Realisierungstechniken von Bildender Kunst eingereiht werden. Eine solide Umsetzung und materielle Haltbarkeit waren nicht seine Absicht. Seine Kunst findet zentral im Sozialen statt und hier ist auch sein Verständnis von „Bildhauerei“ anzusiedeln.

8.22 Bekenntnis und Wahrheit

Man mag spekulieren, ob es zur Realisierung seiner Absichten nicht effektiver gewesen wäre, er hätte sich offenkundig innerhalb des bestehenden, anthroposophischen Umfeldes engagiert und dort zugleich noch eine Veränderung des traditionellen Formen- und Farbenkanons anthroposophischer Kunstäußerungen angeregt. Seine Identifikation mit anthroposophischem Gedankengut beschränkt sich aber weitgehend auf esoterische, spirituelle und okkulte Inhalte und die Konzeption einer Erneuerung der Gesellschaft durch die „Dreigliederung des sozialen Organismus“. Dennoch bedienen sich anthroposophische Kreise immer gerne an der schillernden Figur Joseph Beuys, ist er doch ein Beispiel dafür, dass Anthroposophie auch in einem zeitgemäßen Kontext gesehen werden kann. Da die anthroposophische Bewegung zentral auf die

Figur Rudolf Steiners als maßgeblichen Ideengeber fokussiert ist, hätte es ein Joseph Beuys, allein schon wegen seines Auftretens und der Beschaffenheit seiner Werke, wohl niemals geschafft, in die Riege der innersten Zirkel anthroposophischer Kreise aufgenommen zu werden, was er auch geflissentlich zu verhindern gewusst hätte. Dazu sind seine Aktivitäten im Zuge des Fluxus zu provokativ, zu wenig an einer gefälligen Ästhetik orientiert, kontraproduktiv für eine Bewegung, die sich maßgeblich an Traditionen ausrichtet und sich weitgehend einer romantisierenden, idealisierenden Ästhetik verschrieben hat. Andererseits forderte schon Rudolf Steiner in den 1920er Jahren: *„....dass die gegenwärtige Form der geisteswissenschaftlichen Verkündigung nicht eine bleibende, oder etwa gar die einzig mögliche sei“.* [17]

Neuanfang, Trennung, Scheidung 8.23

Wenn es nicht gelingt, das Beuyssche Werk richtig zu verstehen und korrekt zu verorten, sollten wir darüber nachdenken, seinen Stellenwert in der internationalen Kunstszene in Frage zu stellen, was sich letztlich auch im finanziellen Gegenwert seiner Arbeiten ausdrücken würde. Die Schwierigkeit: Alles, was Beuys je gemacht, je gesagt hat, ist inzwischen ein fest taxierter, kommerzieller Bestandteil des Kunstmarktes geworden. Es käme einem Sakrileg gleich und schließlich gingen große Summen an investiertem Geld verloren, dem Crash einer Firma am Aktienmarkt vergleichbar. Aber gehören nicht auch Kunstwerke dem Risikopotential einer kommerzialisierten Kunstszene an, wenn man die kapitalistischen Machenschaften des Marktes betrachtet? Wenn schon „Kunst = Kapital“, dann aber auch die Möglichkeit zu Flop und Crash, zu Hausse und Baisse.

Dies könnte eine Lawine auslösen, schließlich ist Beuys nicht der einzige bekannte Künstler, dessen Werk hinterfragt werden müsste. Da nach aktuellem, „reaktionärem“ Kunstverständnis aber „Kunst immer Kunst bleibt“, wenn sie einmal als solche definiert wurde, ist Revision ausgeschlossen. Das Grundverständnis des globalen Kunstmarktes würde ins Wanken geraten, wogegen sich schließlich auch die Künstler selbst verwahren würden. Wer ist schon bereit, den Ast abzusägen, auf dem er sitzt!

Dadurch erweist sich die Kunstszene als ein sich selbst bestätigendes System, unfähig zu effektiver Selbstkritik oder gar Korrektur einmal gefallener Entscheidungen, eine allmächtige „ARTistokratie“, die uneingeschränkt regiert und in erster Linie vom Marktgeschehen abhängig ist.

Wohin nun mit Beuys? Wenn sein Werk endlich umfänglich auf der Basis anthroposophischer Grundlagenerkenntnisse verstanden wird, ist es unumgänglich, Werk und Person in der kunstgeschichtlichen Vermittlung entsprechend explizit darauf zu beziehen. Wie sich das auf seinen Stellenwert innerhalb des Systems Kunst und Kunstgeschichte auswirken wird, kann schlecht vorausgesagt werden.

Und möglicherweise war es falsch von der damals noch jungen „ Grünen Partei“, Beuys als Politiker keine Chance zu geben. Und warum nicht Beuys als Bundeskanzler? Immerhin kandidierte er im Jahr 1976 für den Deutschen Bundestag als Spitzenkandidat der Partei "Aktionsgemeinschaft Unabhängiger Deutscher – AUD“ [36].

Nachtrag im Sept. 2022 für die dritte Auflage dieses Buches

100 Tage **Dokumenta-Fifteen / Kassel**

Es ist wohl zu früh, um über diese 15. Dokumenta in Kassel abschließend zu urteilen und außerdem ist dies in keiner Weise meine Motivation und davon abgesehen bin ich dafür mit Sicherheit nicht die richtige Adresse.
Dennoch steht das durchaus außergewöhnliche Geschehen auf dieser Weltschau Zeitgenössischer Kunst in einem unmittelbaren Zusammenhang mit den Inhalten dieses Buches.
Wohin geht der Weg der Kunst, wo stehen wir, welche Tendenzen zeigen sich?

1. Das autonome, einmalige Kunstwerk aus der Hand einer Künstlerpersönlichkeit scheint der Vergangenheit anzugehören. Kunst ist das sichtbare, gestaltete Ergebnis von Kunst-Kooperativen und zeigt sich in einer bunten Anzahl unterschiedlicher Gestaltungsansätze. Die Kunst entsteht in der Gemeinschaft, ist ein gemeinsames Konzept mit einer gemeinsamen Realisierung, ohne das Einzelwerk zu separieren.
2. Der Schaffensimpuls ist zentral gesellschaftspolitischer Natur und unterschiedlich gelagert je nach Land und Kontinent.

Ist das der ersehnte Neubeginn oder die Mauer am Ende einer Sackgasse, gegen die die Kunstszene mit voller Wucht nun gefahren ist? Und hat nicht Beuys im Prinzip diese Entwicklung proklamiert - Kunst als Soziale Plastik? Wie sieht wohl die nächste Dokumenta aus, wenn es sie überhaupt noch geben wird?

Der Autor

Erwin Niederer (* 1949) ist ausgebildeter Kunstpädagoge und war bis zu seiner Pensionierung mit Unterbrechungen an Realschulen im Bodenseekreis tätig. Von 1976-78 leitete er als Fachschulrat die künstlerischen Werkstätten an der Pädagogischen Hochschule in Weingarten. In den Jahren 1984-90 begründete und führte er die Schule für Gestaltung in Ravensburg mit dem Schwerpunkt Freie Malerei und Grafikdesign. Mit Vorträgen und Seminaren, Essays in Katalogen und Zeitschriften, Ausstellungseröffnungen, Führungen und Presseberichten sucht er Zeitgenössische Kunst auf den unterschiedlichen Markt- und Bedeutungsebenen verständlich zu vermitteln, durchaus fokussiert auf Fehlentwicklungen und Unstimmigkeiten, und dies ohne komplizierte Fachsprache und elitäre Distanz. Unerlässlich ist für ihn die eigene, künstlerische Praxis im Atelier (Zeichnung, Malerei, Fotografie). Seit 2022 betreibt Erwin Niederer eine Coaching-Praxis in Hamburg (www.meetyou-therapie.de).
In dem vorliegenden Buch fasst er seine Erkenntnisse und Erfahrungen in Sachen Kunst zusammen, Orientierung und Halt in einer zunehmend wenig transparenten Szene. Das Buch ist bewusst konzipiert als praktikables Workbook, einsetzbar bei Diskussionen, Gesprächsrunden, Seminaren und Vorträgen, Impulsgeber und Informationspool gleichermaßen.

kursbuch.kunst@gmail.com

art

kapierenkritisierenkommunizieren

Anmerkungen

[1] www.zitate.eu/autor/bertolt-brecht-zitate/189227

[2] https://beruhmte-zitate.de/zitate/1406828

[3] https://www.azquotes.com/quote/781781

[4] https://de.wikipedia.org/wiki/Avantgarde

[5] http://www.kunstzitate.de/bildendekunst/kuenstlerueberkunst/dix_otto

[6] https://claudia-kostka.de/jeder-mensch-ist-ein-kuenstler-joseph-beuys

[7] Johannes Huber, Woher wir kommen, wohin wir gehen. Edition a, Wien 2018).

[8] https://www.neumeister.com/kunstwerksuche/kunstdatenbank/ergebnis/243-110/Joseph-Beuys/

[9] www.dr-puschmann.de/de/literatur/aphorismen/index.html

[10] https:// gutezitate.com/zitat/186268

[11] Steiner, Rudolf: Geisteswissenschaft und soziale Frage. Rudolf Steiner Verlag, Dornach (1977)

[12] dewiki.de/Lexikon/Wie_man_dem_toten_Hasen_die_Bilder_erklärt

[13] http://www.denkschatz.de/zitate/Joseph-Beuys/

[14] https://www.zitate.eu/autor/joseph-beuys-zitate/

[15] https://gutezitate.com/zitat/247911

[16] Jung, C.G: Archetypen. Patmos Verlag; 4. Edition (27. Oktober 2020)

[17] Steiner, Rudolf: Geisteswissenschaft und soziale Frage. Rudolf Steiner-Verlag, Dornach (1977)

[18] Wahrnehmung der Neuzeit, S. 414, Hanser Verlag, 1983)

[19] https://de.wikipedia.org/wiki/Banksy

[20] https://de.wikipedia.org/wiki/Marcel_Duchamp

[21] https://de.wikipedia.org/wiki/Fountain_(Duchamp)

[22] https://artinwords.de/arte-povera/

[23] https://www.art-directory.de/malerei/konzeptkunst/

[24] http://www.galerie-cyprian-brenner.de/kunstlexikon/kunstgeschichte/ environ ment#kunstgeschichte

[25] https://de.wikipedia.org/wiki/László_Moholy-Nagy

[26] *https://de.wikipedia.org/wiki/Fountain_(Duchamp)*

[27] *https://de.wikipedia.org/wiki/Victor_Vasarely*

[28] aus: Carl Friedrich Weizäcker, „Wahrnehmung der Neuzeit“, Carl Hanser; 5. Edition (1983)

[29] Bürger, Peter: Das Altern der Moderne (Schriften zur Bildenden Kunst). Suhrkamp (2001)

[30] Rebhorn, Daniel: Digitalismus (2019), Springer-Verlag

[31] https://www.falter.at/zeitung/20000517/der-mit-dem-affen-malt/2059350039?ver=b

[32] *https://de.wikipedia.org/wiki/7000_Eichen*

[33] https://www.pinakothek.de/kunst/joseph-beuys/capri-batterie

[34] https://www.nitsch-foundation.com/das-omt-und-seine-disziplinen/

[35] Steiner, Rudolf: „Über die Bienen“ (Im Internet: agraffenverlag.ch - 1951), Vortrag vom 3. Februar und vom 26. November bis 22. Dezember 1923

[36] https://vereins.fandom.com/wiki/Aktionsgemeinschaft_Unabhängiger_Deutscher

Literatur

- Adorno, Theodor W. „Ästhetische Theorie". Suhrkamp-Verlag

- Adriani, Götz und Konnertz, Thomas: Joseph Beuys. DuMont 1994

- Bastian. Verlag Schirmer, Mosel (2000)

- Berzbach, Frank: Die Form der Schönheit. Eichborn Verlag (2018)

- Beuys, Eva, Joseph Beuys, Das Geheimnis der Knospe zarter Hülle. Edition Heiner

- Bürger, Peter: Das Altern der Moderne (Schriften zur Bildenden Kunst). Suhrkamp

- Grof, Stanislav, Laszlo Ervin, Russel Peter: Die Bewusstseinsrevolution, Bertelsmann Verlag1999

- Honnef, Klaus : Wege der Kunstkritik (aus: Schriften zur Kunstkritik). Aica-Verlag (1999)

- Huber, Johannes: Woher wir kommen, wohin wir gehen. Edition a, Wien 2018.

- Jung, C.G: Archetypen. Patmos Verlag; 4. Edition (27. Oktober 2020)
- Kant, Immanuel: „Kritik der Urteilskraft“, Anaconda Verlag
- Rebhorn, Daniel: Digitalismus (2019), Springer-Verlag
- Riegel, Hans Peter : BEUYS, Die Biografie, Aufbau Verlag GmbH, 3. Auflage / 2019)
- Renn, Wendelin: Joseph Beuys, Pflanze, Tier, Mensch. DuMont-Verlag (2000)
- Schelling, F.W.J.: Texte zur Philosophie der Kunst. Reclam-Verlag (1982)
- Saehrendt, Christian und Kittl, Steen T.: Das kann ich auch, Gebrauchsanweisung für Moderne Kunst. Dumont-Verlag (2013)
- Saehrendt, Christian und Tittel, Stehen T.: Ist das Kunst – oder kann das weg? Dumont-Verlag (2016)
- Schumann, Henry : Kritik und Kreation (Versuche über Kunst und Kunstkritik). VEB E.A. Seemann Verlag (Leipzig) (1983)
- Sünner, Rüdiger: Zeige deine Wunde, Kunst und Spiritualität bei Joseph Beuys, Video (DVD) : Atalante Filmproduktion (2015)

- Wehr, Gerhard: C.G. Jung und Rudolf Steiner. Diogenes Verlag (1990)

- Werkstatt Kunstkritik-2, Sprache als Tarnung, Das Dilemma der Kunstkritik. (2009), Praxisseminar. Montag Stiftung Bildende Kunst

- Ziegler, Jean: Ändere die Welt, Penguin-Verlag (2016)
  Taschenbuch (2001)

- Veiel, Klaus: Beuys (Film 2017), DVD

Rudolf Steiner:

- Steiner, Rudolf : Die Kardinalfrage des Wirtschaftslebens. Rudolf Steiner Verlag, Dornach (1962/1984)
- Steiner, Rudolf: Geisteswissenschaft und soziale Frage. Rudolf Steiner Verlag, Dornach (1977)
- Steiner, Rudolf. Wie erlangt man Erkenntnis höherer Welten. Taschenbücher aus dem Gesamtwerk, Rudolf Steiner Verlag, Dornach (1978)
- Steiner, Rudolf: Neun Vorträge gehalten vor den Arbeitern am Goetheanum in Dornach
- Steiner, Rudolf: „Über die Bienen“ (Im Internet: agraffenverlag.ch - 1951), Vortrag vom 3. Februar und vom 26. November bis 22. Dezember 1923
- Steiner, Rudolf: Gesammelte Werke, Gesamtausgabe. Verlag Zweitausendeins (2000)

Notizen